企業法務のための
労働組合法25講

Trade Union Law

弁護士
五三 智仁

弁護士
町田悠生子

【著】

商事法務

新たな必読書の誕生

　本書は、労使関係について実務家が記した類書の中で、必読書と言える数少ない書籍の一つである。その理由は三つある。第一に、この時期に不可欠な知見を提供する内容である。第二に、日本の労働法制がどのような体系のもとに構成されているかをあらためて確認させてくれる。そして第三に、具体的な労使関係の現場において生産的で有益な対応を導く手立てとなっている。

　21世紀初頭の企業社会では、雇用形態の多様化や組織再編の中での雇用関係の変動など、個別労働関係に関する課題が目立つため、労働組合を基本的なアクターとする労使関係法制の重要性は看過されがちである。しかし、いかなる個別労働関係も、集団的労使関係の構築と維持なくして安定的な展開を見通すことはできない。労働組合の結成と運営に使用者が介入することは不当労働行為となる（本書第15〜19講参照）し、労働協約は就業規則にも個別合意にも優越する（第11講参照）のであって、労働関係をめぐる制度と実態がダイナミックに変容する時代にはいっそう、集団的労使関係に関する法制度の知見が不可欠である。

　また、派遣法や有期労働契約法制のめまぐるしい改正等により忘れられがちであるが、日本の労働法制は、集団的労使関係を個別的労働関係に優越させ、前者によって後者をコントロールするという構造になっている。労働協約の優越もしかりであるが、労働組合に与えられた数々の特権も、労働者の使用者に対する交渉力の回復、ひいては合理的で公正な労働市場の確立という目的のためにオーソライズされており、この構造は憲法28条が改正されない限り変わることはない。どれほど労働関係の個別化が進んでも、集団的労使関係の重要性に変化はないのである。

　さらに、人事労務の現場で生じている多くの具体的諸課題も、集団的労使関係の中でこそ確かな解決が得られる。就業規則の改訂や人員整理、労働条件の変更といった手段は、紛争となった折りにその結果に対する予見可能性に乏しく、常に不確定要素を抱えることになるが、労働組合との合意と労働協約の締結によって事態の解決をはかるならば、少なくとも就業規則や個別

合意によるよりははるかに法的妥当性を確保しやすいことはその典型的な一例である（第11講③参照）。

　五三、町田両弁護士という俊英による本書は、明確でわかりやすい叙述、図式の活用などの工夫もみられ、よく考え抜かれた構成をとっていて読みやすい。今後の企業における労使関係の適切な発展に、多大な貢献をなすことは間違いない。新たな必読書として、労使ともに繙くことを勧めたい。

　平成27年9月

明治大学法科大学院教授　野川　忍

はしがき

　本書は、企業をはじめ使用者の方々が集団的労使紛争に直面したときの身近な道先案内人として、また、集団的労使紛争を予防するための日々の指南役としてお使いいただくことをめざして執筆したものである。

　ここ数年、労働組合の組織率の低下が指摘され続けているが、円滑な労使関係の構築にあたり労働組合が果たす役割は、今なお大きい。事業場における組織率が過半数に達している組合には、労働基準法上、労使協定の締結当事者等としての重要な役割が与えられているし、就業規則を変更する際にも、使用者が労働組合とどの程度協議し、労働組合がどの程度変更への理解を示しているかは、就業規則の変更の合理性を直接的に左右するきわめて重要な要素と位置づけられている（労働契約法10条、第四銀行事件最高裁判決（最二小判平成9年2月28日民集51巻2号705頁）、みちのく銀行事件最高裁判決（最一小判平成12年9月7日民集54巻7号2075頁）等）。

　もっとも、近年では、企業内組合と使用者が深刻に対立する事例は少なくなり、集団的労使紛争といえば、個人加入型ユニオンが当事者となって、ごく個人的な問題を団体交渉の議題とすることが増えた。また、団体交渉と合わせて、個人加入型ユニオン特有の活動（街宣活動等）への適切な対処も、ときに使用者が直面する喫緊の問題であり、それらに関するいわゆるハウツー本も書店で少なからず見かけるようになった。

　もちろん本書も、従業員もしくは元従業員が個人加入型ユニオンに加入した場合を想定して、それに関する実務上の対応のポイントも紹介している。しかし、本書は、それにとどまらず、労働組合が良好な労使関係の構築にとって重要な役割を果たしていることに鑑み、労働組合法の基本的な考え方を可能な限り噛み砕いて説明し、また、実務上重要な25の論点について網羅的に紹介することとした。それは、いわば「急がば回れ」の発想で、使用者の皆様におかれては、小手先の対応技術に頼るのではなく、労働組合法の基本的理解を深め、骨太でブレない姿勢で集団的労使紛争の解決に臨んでいただきたいと考えたことによる。

近年は、経済変動が大きく、その影響を受けて労使関係もさまざまな変容を迫られている。しかし、いかに変容したとしても、労使関係において労働組合が果たす役割の重要性は、将来においてなおいっそう増すことはあっても、減ることはないはずである。いうまでもなく、労使関係は労使が両輪となって作り上げるものであって、その労と使の車輪の大きさを同じくする、すなわち、労使間の交渉力格差を是正するという最も重要な機能を果たすものこそ労働組合だからである。

　本書は、筆者らが企業の方々から日々さまざまなご相談をいただき、ときにともに悩みつつよりよい解決をめざしてきた中で、上記のような労働組合の重要性をいっそう強く実感するに至ったことから、その強い実感に基づき、すべての使用者にとって労働組合法の基本をなるべく平易にお伝えできるよう執筆したものである。それがどこまで成功しているかはいささか心許なく、本書へのご批判は甘んじて受け入れる覚悟であるが、なによりまずは手にとっていただけたら幸いである。

　最後に、本書の発表にあたり、野川忍先生におかれましては、誠に多忙でおられる中、推薦文を寄せていただき、心からの御礼を申し上げます。
　また、本書の執筆の全過程を通じて、商事法務の水石曜一郎氏にはさまざまなご負担をおかけしてしまいましたが、穏やかに粘り強く対応していただきました。また、本書の企画段階では、同社の浅沼亨氏より有益な示唆を数多く頂戴しました。改めて両氏に感謝申し上げます。

平成27年9月

五三・町田法律事務所
弁護士　五三　智仁　町田　悠生子

目　次

新たな必読書の誕生　i
はしがき　iii

第0講　本書を読み解くキーワード　1

第1講　組合の法適合性
「労働組合」という名前がついていれば、どのような団体も労組法による保護を受けられるのか？　9

　1　背　景 ……………………………………………………………10
　2　労組法上の労働組合の定義 ……………………………………10
　3　法適合組合・規約不備組合・自主性不備組合の比較 ………12
　4　実務上の対応のポイント ………………………………………14
　5　裁判例・命令などの紹介 ………………………………………15

第2講　労組法上の労働者性
労組法による保護を受ける「労働者」とは、「労働契約」に基づき雇用されている者に限られるのか？　17

　1　背　景 ……………………………………………………………18
　2　労組法上の「労働者」性の具体的な争われ方 ………………19
　3　実務上の対応のポイント ………………………………………20
　4　裁判例・命令などの紹介 ………………………………………23

第3講　グループ会社における親会社の使用者性
親会社は、グループ内子会社の従業員が加入した労働組合からの団体交渉の申入れを拒絶できるか？　24

　1　背　景 ……………………………………………………………26
　2　労組法上の使用者性に関する朝日放送事件最高裁判決の内容 …26

③	親会社の「使用者」性の考え方	28
④	実務上の対応ポイント	30
⑤	裁判例・命令などの紹介	31

第4講　派遣先事業主の使用者性
派遣先事業主は、派遣労働者の加入した労働組合からの団体交渉の申入れを拒絶できるか？　33

①	背　景	34
②	派遣先事業主の「使用者」性の考え方	35
③	実務上の対応のポイント	37
④	裁判例・命令などの紹介	38

第5講　労働契約終了後（開始前）の団交応諾義務の存否
労働契約がすでに終了している元従業員が加入した労働組合からの団体交渉の申入れを拒絶できるか？　40

①	背　景	41
②	労働契約関係の有無と労組法上の「使用者」性	42
③	実務上の対応のポイント	43
④	裁判例・命令などの紹介	45

第6講　義務的団交事項とその範囲
労働組合の掲げる団交事項が会社の経営判断事項であることを理由に団体交渉を拒絶することはできるか？　47

①	背　景	48
②	義務的団交事項の内容とその範囲	49
③	実務上の対応のポイント	52
④	裁判例・命令などの紹介	53

第7講　誠実交渉義務
団体交渉は、ただ交渉のテーブルにつき労働組合側の主張を聴くだけでよいのか？　55

| ① | 背　景 | 58 |
| ② | 団交応諾義務と誠実交渉義務 | 58 |

| 3 | 実務上の対応のポイント ……………………………………… 59
| 4 | 裁判例・命令などの紹介 ……………………………………… 61

第8講　団体交渉の打切りの正当性
労働組合が申入れを続ける限り、使用者は団体交渉に応じなければならないのか？ …… 63

| 1 | 背　景 …………………………………………………………… 64
| 2 | 妥結義務のないことと交渉打切りの正当性 ………………… 65
| 3 | 実務上の対応のポイント ……………………………………… 66
| 4 | 裁判例・命令などの紹介 ……………………………………… 68

第9講　組合併存下における団体交渉
社内に複数の労働組合が存在する場合、使用者が組合ごとに対応を変えることは許されるか？ …… 70

| 1 | 背　景 …………………………………………………………… 71
| 2 | 組合併存下における使用者側対応の基本姿勢 ……………… 72
| 3 | 実務上の対応のポイント ……………………………………… 73
| 4 | 裁判例・命令などの紹介 ……………………………………… 75

第10講　誠実交渉義務と労働協約の締結
団体交渉で妥結した内容の労働協約化を使用者は拒めるか？ …… 77

| 1 | 背　景 …………………………………………………………… 78
| 2 | 協約化拒否はいかなる場合に不当労働行為となるか ……… 79
| 3 | 実務上の対応のポイント ……………………………………… 81
| 4 | 裁判例・命令などの紹介 ……………………………………… 82

第11講　労働協約の規範的効力
労働協約の締結は組合員の労働契約にどのような影響を及ぼすか？ …… 83

| 1 | 背　景 …………………………………………………………… 84
| 2 | 規範的効力の具体的な内容 …………………………………… 85
| 3 | 新たな労働協約の締結による労働条件の不利益変更の可否 …… 88
| 4 | 実務上の対応のポイント ……………………………………… 90

⑤ 裁判例・命令などの紹介 ･････････････････････････････････ 90

第12講　労働協約の一般的拘束力
　　労働協約が組合員以外の者に適用されることはあるのか？　　92

　　① 背　景 ･･ 93
　　② 労働協約の一般的拘束力とその限界 ･････････････････････ 94
　　③ 実務上の対応のポイント ･･･････････････････････････････ 96
　　④ 裁判例・命令などの紹介 ･･･････････････････････････････ 98

第13講　労働協約の解約
　　労働協約を使用者が一方的に解約することはできるのか？　　100

　　① 背　景 ･･ 101
　　② 労働協約の解約のルール ･･･････････････････････････････ 101
　　③ 実務上の対応のポイント ･･･････････････････････････････ 105
　　④ 裁判例・命令などの紹介 ･･･････････････････････････････ 106

第14講　労働協約の終了と余後効
　　労働協約が失効後もなお効力を有することはあるのか？　　107

　　① 背　景 ･･ 108
　　② 「余後効」の有無と判例の考え方 ････････････････････････ 109
　　③ 実務上の対応のポイント ･･･････････････････････････････ 112
　　④ 裁判例・命令などの紹介 ･･･････････････････････････････ 112

第15講　不利益取扱いと支配介入の成立要件
　　不利益取扱いと支配介入はどのような場合に成立するのか？　　114

　　① 不利益取扱い（労組法7条1号）の成立要件 ･･････････････ 115
　　② 支配介入（労組法7条3号）の成立要件 ･･････････････････ 118
　　③ 裁判例・命令などの紹介 ･･･････････････････････････････ 120

第16講　不当労働行為の私法上の効果
　　解雇が不当労働行為に該当する場合、それだけで無効となるか？　　122

|1| 背　景 ………………………………………………………… 123
|2| 不当労働行為の私法上の効力 ……………………………… 124
|3| 実務上の対応のポイント …………………………………… 126
|4| 裁判例・命令などの紹介 …………………………………… 126

第17講　使用者側の言動と支配介入
使用者の表現の自由と労働三権の衝突はどのように調整されるか？　128

|1| 背　景 ………………………………………………………… 129
|2| 支配介入該当性の判断基準 ………………………………… 130
|3| 実務上の対応のポイント …………………………………… 133
|4| 裁判例・命令などの紹介 …………………………………… 134

第18講　組合への便宜供与と支配介入
労働組合への便宜供与はどのような点に注意すべきか？　135

|1| 背　景 ………………………………………………………… 136
|2| 支配介入に該当するか否かの整理 ………………………… 137
|3| 実務上の対応のポイント …………………………………… 141
|4| 裁判例・命令などの紹介 …………………………………… 141

第19講　使用者の施設管理権と組合活動
会社施設内での組合活動は容認しなければならないか？　143

|1| 背　景 ………………………………………………………… 144
|2| 論点の整理 …………………………………………………… 144
|3| 論点ごとの検討 ……………………………………………… 145
|4| 実務上の対応のポイント …………………………………… 149
|5| 裁判例・命令などの紹介 …………………………………… 149

第20講　ユニオン・ショップ制と解雇
労働組合との間のユニオン・ショップ協定に基づいて行った解雇は当然に有効か？　150

|1| 背　景 ………………………………………………………… 151
|2| ユニオン・ショップ協定の有効性 ………………………… 152

|3| 実務上の対応のポイント ……………………………… 153
|4| 裁判例・命令などの紹介 ……………………………… 156

第21講　チェック・オフの法的意義
チェック・オフを適法に行うための要件は何か？　　　158

|1| 背　景 …………………………………………………… 159
|2| チェック・オフの法的構造 …………………………… 159
|3| 実務上の対応のポイント ……………………………… 161
|4| 裁判例・命令などの紹介 ……………………………… 164

第22講　組合活動と不法行為
労働組合の活動に対して使用者が損害賠償を請求することはできるか？ 165

|1| 背　景 …………………………………………………… 166
|2| 組合活動の法的保障 …………………………………… 167
|3| 組合活動の正当性の判断方法 ………………………… 168
|4| 実務上の対応のポイント ……………………………… 170
|5| 裁判例・命令などの紹介 ……………………………… 172

第23講　労働組合の争議権
労働組合はどのような場合にストライキを行うことができるか？　　174

|1| 背　景 …………………………………………………… 175
|2| 争議権の保障の目的と内容 …………………………… 176
|3| 実務上の対応のポイント ……………………………… 179
|4| 裁判例・命令などの紹介 ……………………………… 181

第24講　企業再編と集団的労使関係
企業再編は集団的労使関係にどのような影響を及ぼすか？　182

|1| 組織再編の種類と労働関係に与える影響 …………… 182
|2| 組織再編に伴う労働条件等の確認・統一の際の注意事項・検討事項
……………………………………………………………… 183
|3| 承継する労働者の選択に関する不当労働行為（事業譲渡の場合）
……………………………………………………………… 187

| 4 | 会社分割と集団的労使関係 ………………………………… 189

第25講　不当労働行為の救済手続
不当労働行為救済申立事件は、労働委員会においてどのような流れで審理されるか？
194

| 1 | 労働委員会における解決と裁判所における解決の違い ……… 194
| 2 | 救済手続の流れ ……………………………………………… 195
| 3 | 労働委員会の構成 …………………………………………… 196
| 4 | 申立てから命令までの流れ ………………………………… 196
| 5 | 第1回調査期日を迎えるまでの使用者側の対応 ………… 197
| 6 | 調査期日の流れ ……………………………………………… 197
| 7 | 審問期日の内容 ……………………………………………… 198
| 8 | 命令の内容 …………………………………………………… 198
| 9 | 命令の確定 …………………………………………………… 200
| 10 | 労働委員会の救済命令に違反した場合の罰則 ………… 200

判例・命令索引　205

凡　例

1　法令の略語

労組法	労働組合法
労契法	労働契約法
労基法	労働基準法
労働者派遣法	労働者派遣事業の適正な運営の確保及び派遣労働者の保護等に関する法律
高年齢者雇用安定法	高年齢者等の雇用の安定等に関する法律
労働契約承継法	会社分割に伴う労働契約の承継等に関する法律

2　判例集、雑誌、文献等の略語

民　集	大審院民事判例集・最高裁判所民事判例集
労民集	労働関係民事裁判例集
労　判	労働判例
労経速	労働経済判例速報
中労時	中央労働時報
判　時	判例時報
判　タ	判例タイムズ
菅野労働法	菅野和夫『労働法〔第10版〕』（弘文堂、2012年）

3　その他　以上のほか本書では次の略語を用いている。

厚労省	厚生労働省
都道府県労委	各都道府県労働委員会
地労委	地方労働委員会（なお、平成16年の労働組合法改正により、都道府県労働委員会に改称されている）
中労委	中央労働委員会
労基署	労働基準監督署

●**主な参考文献**

・菅野和夫『労働法〔第10版〕』（弘文堂、2012年）
・大内伸哉『経営者のための労働組合法教室』（経団連出版、2012年）
・道幸哲也『労働委員会の役割と不当労働行為法理』（日本評論社、2014年）
・西谷敏＝道幸哲也＝中窪裕也編『新基本法コンメンタール 労働組合法』（日本評論社、2011年）
・厚生労働省労政担当参事官室編『労働組合法・労働関係調整法〔6訂新版〕』（労務行政、2015年）
・野川忍『労働協約法』（弘文堂、2015年）
・野川忍『労働判例インデックス〔第3版〕』（商事法務、2014年）
・山川隆一『労働紛争処理法』（弘文堂、2012年）
・森戸英幸『プレップ労働法〔第4版〕』（弘文堂、2012年）

第0講 本書を読み解くキーワード

　労組法の理解にあたって重要なキーワードをまとめてご紹介します。ここでご紹介するキーワードは、第1講以下に繰り返し登場します。キーワードを読むだけでも、労組法の基本的な考え方が理解できると思います。

　各講の中でも本講で紹介するキーワードが出てきたときには本講で付したキーワード番号を明記しましたので、随時、本講に立ち戻って基本をおさえてください。

① 個別的労使紛争と集団的労使紛争

　労使間に生じる紛争は、個別的労使紛争と集団的労使紛争に分けられます。

　個別的労使紛争とは、個々の労働者と使用者との間に生じる紛争であり、解雇の有効性、残業代の未払いの有無、安全配慮義務違反の有無等々、個々の労働者1人ひとりが当事者となる紛争のことです。いうまでもなく、使用者が日常的に抱えるリスクの高い紛争類型であり、当事者間での解決が難しい場合、最終的には裁判所において解決することが想定されています。

　これに対し、集団的労使紛争とは、労働組合と使用者との間に生じる紛争をいいます。たとえば、使用者による団体交渉の拒否に正当理由があるかどうか、組合員であるがゆえの不利益処分であるかどうかなどが問題となる紛争です。集団的労使紛争の解決については、労組法が独自に、**労働委員会**（→⑧）という行政機関による紛争解決制度を設けており、基本的には、司法の場（裁判所）ではなく行政手続の中の解決が想定されています。

　本書は、集団的労使紛争の予防と早期解決の一助となることを目的としています。もっとも、個別的労使紛争と集団的労使紛争は、必ずしも明確に区別されるものではなく、特に近年**個人加入型組合**（合同労組・ユニオン）（→⑥）の活動の活発化により集団的労使紛争の衣をまとった個別的労使紛

争が増えています。

② 憲法28条と労働三権と労組法

憲法28条は「勤労者の団結する権利及び団体交渉その他の団体行動をする権利は、これを保障する。」と定めています。ここから、労働三権、すなわち、団結権、団体交渉権、団体行動権の3つの権利が導かれます。労組法を理解し解釈していくにあたっては、労働組合の有する権利が憲法という日本の最高法規で保障されているということを常に念頭に置くことが大切です。

労組法は、憲法による労働三権の保障をより実効的なものとすることを目的として制定された法律です。労組法は、使用者による労働三権の侵害行為の態様を具体的に明らかにしてそれを明確に禁じるとともに（**不当労働行為**→⑦）、労働三権が侵害された場合に労働組合はどのような救済措置をとることができるのか（**労働委員会**→⑧）等を詳細に定めることで、労働三権の内容を明らかにし、それらが確実に保障されるようにしています。

③ 交渉力の格差とその是正

労組法だけでなく、労基法、労契法、最低賃金法等々、「労働法」と総称される労働関係法規はみな、使用者と労働者との間に交渉力の格差があることを前提に、法（国家）の介入によりその格差を是正して労働者を保護することを目的としています。「労使間の交渉力の格差」は、労働関係法規全体を読み解く最も大切なキーワードだといえます。

労働契約も、売買や賃貸借などと同じく私人間における契約ですから、本来、契約内容は、労使間で自由に協議して決定すべきものです（契約自由の原則）。

しかし、労働契約の場合、現実には、使用者の方が交渉上強い立場にあります。しかも、労働者にとって労働契約は生活の糧を得る手段であるため、よりよい条件での契約締結に向けて労働力を売り惜しむことは容易ではなく、結果として、労働者は、使用者の提示する条件を受け入れざるをえず、さらに、ひとたび労働契約を締結すればその後長期にわたり、使用者の有する広範な指揮命令権のもとで労務を提供し続けることが求められます（労働契約の継続性）。

このような労働契約の実態に鑑み、法は、労働者が著しく低い労働条件下での労働を強制されることのないよう、労基法で労働条件の最低基準を定め

(労基法13条参照)、契約内容に一定の規制を課すとともに、労組法によって、労働者が団結することを保障し、使用者に対して、労働組合との交渉のテーブルにつくことを強制するものとしました（民法の世界では、契約締結自由の原則の一環として、交渉に応じるかどうかも当事者が自由に決定することができ、労組法は、これを修正するものです）。

つまり、労基法は、契約内容そのものに国（法）が介入して労働者の交渉力を直接的に補填するのに対し、労組法は、労働者側に対して使用者との交渉の場を確保することで、労使が対等の立場で労働条件を決定することができる環境を調えるものといえます。このように、労基法と労組法は、それぞれ別の観点から交渉力の格差を是正する2本柱なのです。

労組法1条（目的）
1　この法律は、労働者が使用者との交渉において対等の立場に立つことを促進することにより労働者の地位を向上させること、労働者がその労働条件について交渉するために自ら代表者を選出することその他の団体行動を行うために自主的に労働組合を組織し、団結することを擁護すること並びに使用者と労働者との関係を規制する労働協約を締結するための団体交渉をすること及びその手続を助成することを目的とする。

---

④　団体交渉中心主義

労働三権のうち団体交渉権を中心に据えて労組法を解釈しようとする立場を団体交渉中心主義といいます。本書もこの立場によるものです。

この立場を前提とすると、団結権も団体行動権も、団体交渉の実現のため、または団体交渉を促進するために保障された権利であると理解することになります。

また、労働協約は、団体交渉を経て労使が合意した内容を書面でまとめたものであり（労組法14条）、労組法上、特別の効力が付与されています（規範的効力（労組法16条）⇒**第11講**、一般的拘束力（労組法17条、18条）⇒**第12講**）。団体交渉中心主義の立場からは、労組法が労働協約に対して特別の効力を付与した趣旨を、団体交渉実施のインセンティブとしてとらえ、団体交渉という場における労使間の自主的な（すなわち使用者の一存によらない）労働条件の設定結果を尊重するとともに、そのような自主的な設定（団体交渉の実施）を将来に向けて促進するもの、と理解することになります。

⑤ 複数組合交渉代表制

　労働組合の規模にかかわらず、すべての労働組合に使用者との団体交渉権を付与する法制度を複数組合交渉代表制といいます。

　対立概念は「排他的交渉代表制」であり、これは、被用者の過半数の支持を得た労働組合のみが交渉権を取得し、その組合が全被用者（当該組合に加入していない被用者も含みます）のために排他的な交渉権を獲得するという法制度で、アメリカが採用しています。

　日本の労組法は、複数組合交渉代表制を採用していますので、社内の大多数の従業員が加入している組合も、社内に1人しか組合員がいない組合も、その規模にかかわらず等しく団体交渉権が保障されます。そのため、使用者は、すべての労働組合との間で団体交渉に応じ、誠実に対応しなければなりません。最高裁も、「労組法のもとにおいて、同一企業内に複数の労働組合が併存する場合には、各組合は、その組織人員の多少にかかわらず、それぞれまったく独自に使用者との間に労働条件等について団体交渉を行い、その自由な意思決定に基づき労働協約を締結し、あるいはその締結を拒否する権利を有する」ことを明らかにしています（日産自動車事件（最三小判昭和60年4月23日民集29巻3号730頁））。

⑥ 企業別組合、産業別組合、個人加入型組合（合同労組・ユニオン）

　労働組合には組合員の範囲に基づくさまざまな種類があります。日本は**複数組合交渉代表制**（→⑤）を採用していることから、いずれの種類であるかによって権利保障に差はありませんが、集団的労使紛争の実態をより深く理解し適切に対応するためには、種類の違いをおさえておくことが大切です。

　企業別組合とは、いわゆる社内組合であり、日本では、労働組合に加入している労働者の約9割がこれに加入しているといわれています（特に大企業における組織率が高いです）。集団的労使紛争に関する日本の判例法理は、企業別組合と使用者との闘争の歴史が作ってきたものといっても過言ではありません。近時は、企業別組合のない会社も増えていますが、社内の多数の従業員が加入している労働組合は、会社が従業員の意向を適切に把握し無用な労働紛争を未然に防止したり、組合の同意を得ることによって労働条件の変更に伴うリスクを低減させたりすることができる点で、使用者側にとっても有意義な存在です。

　産業別組合とは、同一産業に従事する労働者が直接加入する大規模な横断

的労働組合のことです。日本にも、全日本海員組合（全日海）、全日本港湾労働組合（全港湾）などの産業別組合がありますが、それほど数は多くありません。しかし、欧米では、産業別組合が一般的です。

　個人加入型組合（合同労組・ユニオン）は、職種や立場にかかわらず、誰でも1人で加入することができる組合です。日本では、主に中小企業で働く労働者が一定地域において企業や産業にかかわりなく合同して地域一般労組を組織する動きが1950年代頃から見られるようになりましたが、特に近年、その活動領域を広げており、全国的に組織を拡大し、活発に活動するようになりました。労働委員会に持ち込まれる案件も個人加入型組合が申立人となるものが顕著に増加しており、昨今の集団的労使紛争対策は、主として個人加入型組合を念頭に置いて行うのが一般的です。仮に企業内組合があったとしても、その活動に不満を感じる従業員が個人加入型組合に加入して団体交渉を求めるケースも散見されますから、すべての使用者が個人加入型組合の活動の特徴をおさえ、いざ団体交渉の申入れを受けたときに適切に対応できるようにしておくべきです。

　個人加入型組合は、企業内組合とは異なり、労働者自身が自ら紛争を抱えたことをきっかけに加入することが多いため（解雇された後にその解雇の撤回を求めるべく加入するなどの「駆け込み加入」が多いです）、必然的に当該組合員個人と使用者との間の個別的な問題が団体交渉事項となることが多く、組合対会社という集団的労使紛争の形式をとっているものの、実質的には個別的労使紛争であることが一般的です。また、通常、当該企業内における組合員数が少ないため、ストライキをしても実効的ではないことから、要求がただちに受け入れられない場合には、交渉の促進手段を街宣活動に頼ったり、早い段階で労働委員会に救済の申立てをして労働委員会の場での和解をめざしたりする傾向があります。ただ、そもそも労組法は、労働者が団結して労働者の全体的な地位向上をめざすことを基本理念とし、そのために労働組合にさまざまな権利を付与していることからすれば、実質的に個別的労使紛争を扱う個人加入型組合の活動は、必ずしも法が念頭に置いていたものとはいえず、将来的に、労組法制全体の見直しが行われるかもしれません。

⑦　不当労働行為

　不当労働行為とは、労働三権を侵害する使用者の行為として、労組法7条各号で類型化されているもののことです（アメリカ法では「unfair labor practices」（不公正労働行為）といい、使用者によるunfairな行為を禁止するものです）。使用者によるあらゆる不当な行為（たとえば無効な解雇等）を指すものではなく、あくまで、7条各号のいずれかに該当するものを意味する労組法独自の概念です。

　労組法は、憲法における労働三権の保障をより実効的なものとするために、労働三権の侵害行為を具体的に類型化し、使用者に対してそれを明確に禁じています。

　7条各号で列挙されている不当労働行為類型は、以下のとおりです。

> ［不利益取扱い］
> i 「労働者が労働組合の組合員であること、労働組合に加入し、若しくはこれを結成しようとしたこと若しくは労働組合の正当な行為をしたことの故をもって、その労働者を解雇し、その他これに対して不利益な取扱いをすること」（7条1号前段）
> ii 「労働者が労働組合に加入せず、若しくは労働組合から脱退することを雇用条件とすること」（7条1号後段、黄犬契約）
> iii 「労働者が労働委員会に対し使用者がこの条の規定に違反した旨の申立てをしたこと若しくは中央労働委員会に対し第27条の12第1項の規定による命令に対する再審査の申立てをしたこと又は労働委員会がこれらの申立てに係る調査若しくは審問をし、若しくは当事者に和解を勧め、若しくは労働関係調整法による労働争議の調整をする場合に労働者が証拠を提示し、若しくは発言をしたことを理由として、その労働者を解雇し、その他これに対して不利益な取扱いをすること」（4号、報復的不利益取扱い）
> ［団体交渉拒否］
> 「使用者が雇用する労働者の代表者と団体交渉をすることを正当な理由がなくて拒むこと」（2号）
> ［支配介入］
> i 「労働者が労働組合を結成し、若しくは運営することを支配し、若しくはこれに介入すること」（3号前段）
> ii 「労働組合の運営のための経費の支払につき経理上の援助を与えること」（3号後段、経費援助）

⑧　労働委員会

　労働者や労働組合が使用者から不当労働行為を受けた場合、労働組合は、労働委員会に対してその救済を申し立てることができます（労組法27条1項「労働委員会は、使用者が第7条の規定に違反した旨の申立てを受けたときは、遅滞なく調査を行い、必要があると認めたときは、当該申立てが理由があるかどう

かについて審問を行わなければならない。」）。

　労働委員会は、集団的労使紛争を専門的に解決することを目的とする行政機関であり、中央労働委員会（中労委。全国に１つ。厚生労働大臣所轄）と都道府県労働委員会（都道府県労委。各都道府県に１つずつ。都道府県知事所轄）とがあります。通常は、まずは都道府県労委に対して救済の申立てをし、その命令に不服があるときは、中労委に対し再審査を求めることになります。

　労働委員会では、事件ごとに、公益委員、労働者委員、使用者委員が１名ずつ選任され（各委員の経歴は、労働委員会のWebサイトで確認することができます）、公労使の三者がそれぞれの視点から紛争解決を図ります。

　不当労働行為救済申立事件の審理では、まずは和解による解決をめざし（中労委Webサイトに掲載されている「不当労働行為事件処理状況」によれば、平成26年に全国の労働委員会において終結した初審事件370件のうち、約７割にあたる259件が取下げまたは和解により終結しています）、和解が困難な場合には、最終的に、審理の結果、不当労働行為の存在が認められる場合には、労働委員会が救済命令を発します。救済命令の内容は、たとえば、組合員であることを理由に使用者が解雇したという不利益取扱いの事案では原職復帰とバックペイ（「被申立人（＝使用者。以下同）は、申立人組合執行委員長Ｘに対する平成○年○月○日付解雇を取り消し、同人を原職に復帰させなければならない」、「被申立人は、申立人組合執行委員長Ｘに対し、解雇の日の翌日から原職復帰に至るまでの間に同人が受けるはずであった賃金相当額を支払わなければならない」等）、団体交渉拒否事例であれば団交応諾命令（「被申立人は、申立人組合が平成○年○月○日に申し入れた団体交渉事項について、速やかに誠意をもって団体交渉に応じなければならない」等）や謝罪文等の掲示命令（「ポスト・ノーティス」と呼ばれます。たとえば、「被申立人は、『当社は、貴組合から平成○年○月○日付けで申入れのあった団体交渉について、貴組合と団体交渉を行わなかったことは、○○労働委員会によって不当労働行為であると認定されましたので、今後このような行為を繰り返さないようにします』と記載した文書を被申立人（会社）建物入口付近の見やすい場所に10日間掲示しなければならない」等）です。救済命令は、第三者たる紛争解決機関が一定の結論を示すことによって紛争を終結させるという点では、裁判所の判決に似ていますが、判決の場合は、当事者の請求内容に拘束され、また、労働契約上の地位等の確認か金銭の支払いに限定されるのに対し、救済命令は、過去のみならず将来にも目を向け、正常な集団的労使関係秩序の迅速な回復と確保のためにどのような内容の命

令を発することが適切であるかにつき労働委員会に広い裁量がある点で、判決とは大きく異なります。なお、労働委員会は、行政機関ですから、労働委員会の発する命令は行政処分としての性質を有し、それに不服がある当事者は、裁判所に対して命令の取消しを求める行政訴訟（取消訴訟）を提起して、命令の妥当性につき裁判所の判断を仰ぐことができます（労判などで、「国・中労委(○○会社)事件」などという事件名が付されているものは、すべて労働組合側もしくは使用者側が中労委または都道府県労委の命令に対して取消訴訟を提起したものです）。

　このほか、労働委員会では、合意ベースの紛争解決システムとして、労働関係調整法に基づく争議調整（あっせん、調停、仲裁）も行っています。

　労働委員会での手続について、詳しくは第25講でご紹介します。

第1講 組合の法適合性

「労働組合」という名前がついていれば、どのような団体も労組法による保護を受けられるのか？

　組合の法適合性とは、労組法による保護を受けるためには労働組合はどのような要件を満たさなければならないかという問題です。労組法による保護として一番重要なのは、労働委員会による不当労働行為の救済（⇒Key word⑦⑧）です。労働組合が申し入れた団体交渉を使用者が一方的に拒絶した場合、労働委員会に対して救済を申し立てることができるのは、労働組合が労組法上の「労働組合」の要件を満たす場合に限られます。この要件を満たすかどうかということが「法適合性」の問題なのです。

　実務上、法適合性が問題になるのは、主に以下のような場合です。

(1) Y_1社の従業員であるAさんが社外のX_1労働組合に加入し、そのX_1労働組合がY_1社に対し、Aさんの労働条件の改善を求めて団体交渉の申入れをしてきました。しかし、Y_1社の人事担当者がインターネットなどで調査しても、X_1という名前の労働組合は見当たりませんでした。

　　Y_1社は、X_1が労働組合であるという以上、団体交渉に応じなくてはならないのでしょうか。

(2) Y_2社には、社内の労働組合が存在しますが、その社内組合の規約では管理職者に昇進した従業員は組合員としての資格を喪失することとなっています。そうしたところ、Y_2社の管理職者であるBさんらは、管理職者のみで組織する新たなX_2労働組合（管理職組合）を結成し、Y_2社に対し、管理職者の労働条件の改善を求めて団体交渉の申入れをしてきました。Y_2社は、このような管理職組合からの団体交渉に応じなくてはならないのでしょうか。

1 背　景

　昨今、個人加入型組合（⇒Key word⑥）の活動の浸透と活発化により、次々に新しい労働組合が誕生しており、組合の規模や態様は本当にさまざまなものになっています。聞いたことのない名前の労働組合からある日突然、団体交渉の申入れを受ける、ということもそれほど珍しくありません。冒頭の設例(1)は、そのような場面を想定したものです。

　また、1990年代、バブル崩壊後の景気の低迷により、企業におけるリストラ対象が企業内組合では非組合員とされることの多い管理職者に及ぶようになると、冒頭の設例(2)のように、非組合員とされた管理職者が自ら独自の管理職組合を結成し、組合活動を行うようになりました。このような管理職者によって結成された管理職組合も、労組法の法的保護を受け、使用者は団体交渉に応じなければならないのでしょうか。

2 労組法上の労働組合の定義

　労組法2条本文は、労組法上の労働組合となるためになくてはならない要件（積極要件）として
　　① 　労働者が主体となって自主的に労働条件の維持改善その他経済的地位の向上を図ることを目的として組織する団体またはその連合団体であること（自主性、主体性、目的、団体性）
と定め、かつ、労組法2条ただし書は、以下のいずれにも該当しない場合にのみ（消極要件）、労組法上の「労働組合」に該当すると定めています。
　　②－1 　使用者の利益を代表する者（利益代表者）が参加していないこと
　　②－2 　使用者から団体運営のために経理上の援助を受けていないこと
　　②－3 　共済事業や福利事業のみを目的にしていないこと
　　②－4 　政治活動や社会活動を主な目的にしていないこと
（ただし、②－3と②－4は、これが否定されれば当然に①が否定される関係にあることから、消極要件として意味をもつのは②－1と②－2の2点であると解されます。）

　さらに、労組法5条2項は、組合規約の必要記載事項として次の各事項を掲げており、労働組合は、労働委員会による救済を受けようとするときは、労組法2条の要件を満たし、かつ、組合規約が必要記載事項に適合すること

を労働委員会に対して証明しなければならないとされています。

　③－1　名称

　③－2　主たる事務所の所在地

　③－3　単位労働組合の場合には、組合員がその労働組合のすべての問題に参与する権利および均等の取扱いを受ける権利を有すること

　③－4　誰でも、どのような場合でも、人種、宗教、性別、門地または身分を理由に組合員としての資格を奪われないこと

　③－5　役員の選挙は、単位労働組合の場合には、組合員の直接無記名投票によること。連合体である労働組合または全国的規模をもつ労働組合の場合には、傘下の単位労働組合の組合員の直接無記名投票によるか、または組合員の直接無記名投票によって選挙された代議員の直接無記名投票によること

　③－6　総会は少なくとも毎年1回は開催すること

　③－7　会計報告は、すべての財源と支出内容、主な寄付者の氏名および現在の経理の状況を記載し、組合員が依頼した職業的に資格がある会計監査人（公認会計士など）により正確であるとの証明を受け、その証明書とともに、少なくとも毎年1回は組合員に公表すること

　③－8　ストライキを行う場合には、組合員の直接無記名投票か、または組合員の直接無記名投票によって選挙された代議員の直接無記名投票を行い、その過半数の賛成が必要であること

　③－9　規約の改正は、単位労働組合の場合には、組合員の直接無記名投票を行い、全組合員の過半数の賛成が必要であること。連合体である労働組合または全国的規模をもつ労働組合の場合には、傘下の単位労働組合の組合員の直接無記名投票による全組合員の過半数の賛成か、または、組合員の直接無記名投票によって選挙された代議員の直接無記名投票による全代議員の過半数の賛成が必要であること

　以上のほかには、労組法は、労働組合の結成について、その形態、単位、人数について特段の規制を行っておらず、また、許可や届出といった国家による規制も設けていません。「団体」である以上、組合員数は2人以上で、規約と運営組織を備えている必要がありますが、それ以上の数量的な規制は一切ないのです。

　①②③のすべての要件に合致する労働組合を「法適合組合」、①②に合致

するものの③に合致しない労働組合を「規約不備組合」、①に合致するものの、②③に合致しない労働組合を「自主性不備組合」と呼びます。

	法適合組合	規約不備組合	自主性不備組合
要件① 労組法2条本文 自主性、主体性、目的、団体性	○	○	○
要件② 労組法2条ただし書 自主性に関する特別の要件	○	○	×
要件③ 労組法5条2項 組合規約の必要記載事項	○	×	

3 法適合組合・規約不備組合・自主性不備組合の比較

1 労組法による特別の保護とは何か

労組法が労働組合に対してどのような特別の保護を与えているのかをここで整理しておきたいと思います。

労組法が労働組合に対して以下に列挙する特別の保護を与えているのは、憲法28条による労働三権（団結権、団体交渉権、団体行動権⇒Key word②）の保障をより現実化するためです（以下の条文は労組法を指します）。

- 刑事免責（1条2項）
  …正当な組合活動を行った場合には、刑事責任（器物損壊罪、威力業務妨害罪等）が免除されます。
- 民事免責（8条）
  …正当な組合活動を行った場合には、民事責任（損害賠償責任等）が免除されます。
- 法人格の取得（11条）
  …組合財産の保持、取引関係の円滑化のために、労組法は、労働組合が法人格を取得する途を開いています。
- 不当労働行為の救済（7条、27条以下）
  …不当労働行為（7条）に該当する行為を使用者が行った場合には、労働委員会に対してその救済を求めることができます。
- 労働協約の規範的効力（16条）
  …労働組合と使用者とが締結した労働協約には、就業規則および個別

労働契約に優先する効力が与えられています。
- 労働協約の一般的拘束力（17条、18条）
…一定の要件を満たす場合には、労働協約は、当該組合の組合員以外の者の労働条件をも規律する特別の効力が与えられています。
- 労働委員会への労働者委員の推薦（中労委について19条の3第2項、都道府県労委について19条の12第3項）

2　法適合組合に対する保護の内容

①の基本的な要件（積極要件）を満たし、②－1（使用者の利益を代表する者が参加していないこと）、②－2（使用者から団体運営のために経理上の援助を受けていないこと）という消極的要件を満たし、なおかつ、③の規約を備えてこれらに適合することを立証した法適合組合は、上記**1**に列挙した労組法上のあらゆる法的保護や資格を受けることが可能になります。

実際に、法適合組合であることを対外的に明らかにするために、多くの労働組合は、都道府県労委に対して資格審査の申請を行い、労働委員会から法適合組合である旨の証明（資格決定書の写し、または資格証明書の交付）を受けています。

よって、使用者側も、団体交渉の申入れのあった労働組合が法適合組合であるか否かは、当該組合に対して、都道府県労委から交付された資格決定書または資格証明書の提示を求めることによって確認することができます。なお、東京都の場合、都庁第一本庁舎3階の都民情報ルームにある資料閲覧コーナーにおいて、東京都産業労働局発行の労働組合名簿を閲覧することもできますが、この名簿に登載されている労働組合は、同局が把握し名簿に掲載を認めている労働組合であって、都労委による資格証明とは直接関連するものではありません。

3　規約不備組合に対する保護の内容

規約不備組合は、①の基本的な要件と②－1、②－2の消極的要件を備えているものの、労組法5条2項の規約を備えていない（労働委員会から資格決定書または資格証明書の交付を受けていない）というものです。

規約不備組合は、法人格の取得（11条）、不当労働行為の救済（7条、27条以下）、労働委員会への労働者委員の推薦（19条の3第2項、19条の12第3項）という労組法が創設した手続や救済は利用できません。

ただし、労働委員会の資格審査においては、規約の不備については補正指導がなされ、是正されるのが通常であるため、不当労働行為救済手続で規約の不備を理由に申立てが却下されることはほとんどないといわれています。

規約不備組合であっても、労働委員会に対して不当労働行為救済の申立てと同時に資格審査の申立てを行い、労働委員会は両者を併行して審査しているのが実情です（併行審査主義）。

4　自主性不備組合に対する保護の内容

自主性不備組合は、①の基本的な要件を備えるものの、②－1（使用者の利益を代表する者が参加していないこと）、②－2（使用者から団体運営のために経理上の援助を受けていないこと）のいずれかまたは双方の要件を備えていない組合です。

②－1、②－2を備えていないため、労組法2条により、労組法上の労働組合とは認められませんので、労組法による上記 **1** の法的保護は、すべて享受することができません。

ただし、憲法上の要請である民刑事免責、不利益取扱いの司法（民事訴訟）による救済は享受できるといわれています。

4　実務上の対応のポイント

自社の従業員が個人加入型組合に加入し、当該労働組合から団体交渉の申入れがあった場合、その労働組合が法適合組合であることにつき労働委員会の証明を受けているのか否か、会社の担当者としては気になるところかもしれません。

しかし、法適合組合であることは、労組法が創設した手続や救済を利用するために必要であるものの、労働組合が団体交渉を申し入れるために必要な要件ではありません。団体交渉権は憲法で保障されるものだからです。

したがって、会社側が「法適合組合であることの確認ができなければ団体交渉に応じない」という対応をした場合、当該労働組合の団体交渉権の行使を不当に制約するものと評価され、もし当該組合が法適合組合であった場合には不当労働行為救済申立てがなされる可能性があり、他方、当該組合が法適合組合でなかったとしても、少なくとも規約不備組合に該当していた場合には、資格審査の申立てと同時併行的に不当労働行為救済申立てがなされる

可能性があります。

　さらに、当該組合が自主性不備組合であった場合には、不当労働行為救済申立てはできませんが、司法（民事訴訟）による救済として、当該労働組合が会社に対し団体交渉を求めうる地位にあることの確認を求める訴えが提起される可能性があります（なお、労組法2条の要件を満たさない自主性不備組合については、団体交渉を求める地位の確認請求をなしえないとする見解もありますが（菅野労働法666頁参照）、規約不備組合なのか自主性不備組合なのかを外部から判断することが困難な場合も多いと思われます）。

　したがって、冒頭の事例(1)の場合に、会社の担当者が、団体交渉を申し入れてきた労働組合に対し、都道府県労委から交付された資格決定書または資格証明書の提示を求めたり、規約の開示を求めたりすること自体は問題ありませんが、労働組合がそれに応じないからといって、団体交渉を拒絶するという対応は、お薦めできるものではありません。

　また、冒頭の事例(2)は、②－1の要件との関係が問題になりますが、5で紹介する中労委（セメダイン）事件判決のとおり、労組法上の利益代表者の範囲はきわめて限定的に解釈されていますので、やはり、団体交渉に応じるべきと考えます。

5 裁判例・命令などの紹介

○　山本製作所事件（神奈川県労委命令平成25年6月21日労判1077号95頁）
　→　法適合組合であることは、労組法に規定する手続に参与し、同法に規定する救済を受けるために必要な要件ではあっても、組合が団体交渉を申し入れるのに必要な要件ではないから、労働組合からの団体交渉申入れに対し、法適合組合であると確認した後に団体交渉に応じるとの使用者の対応は、労働組合の団体交渉権の行使を不当に制約するものと評価せざるをえない、として、使用者の対応を労組法7条2号（団体交渉拒否）、3号（支配介入）にあたると判断した事例。
○　国鉄団交拒否事件（最三小判平成3年4月23日労判589号6頁）
　→　労働組合が団体交渉を求めうる地位にあることの確認を求める訴えには、確認の利益があるとした原判決の判断が維持された事例。
○　中労委（セメダイン）事件（東京高判平成12年2月29日労判807号7頁）
　→　利益代表者（労組法2条ただし書1号）の参加を許す労働組合も、労組法7条2号の「雇用する労働者の代表者」に含まれるとしたうえで、仮に当該労働組合に利益代表者が参加していたとしても、また、利益代表者の不参加を

使用者に対して明らかにしていなかったとしても、そのこと自体は団体交渉拒否の正当理由にはならないとした第 1 審判決（東京地判平成11年 6 月 9 日労判763号12頁）を維持した事例（最一小決平成13年 6 月14日労判807号 5 頁は、使用者の上告理由がないことを理由に、上告棄却決定）。

○ **佐賀ゴルフガーデンほか事件（佐賀地判平成22年 3 月26日労判1005号31頁）**

→ 労働者が、労組法 2 条ただし書 1 号の「役員」に該当するか否かは、問題とされた労働者（組合員）の職制上の名称からただちに決せられるべきではなく、その判定にあたっては当該労働者の担当職務の実質的内容等に即して、個別具体的に判断されるべきであるとし、会社の取締役支配人であったとしても、勤務実態等から取締役としての実質を備えていなかったとして、同人が加入する労働組合も不当労働行為の対象となるとした事例。

第2講 労組法上の労働者性
労組法による保護を受ける「労働者」とは、「労働契約」に基づき雇用されている者に限られるのか？

　本講では、いわゆる労組法上の労働者性と呼ばれるテーマを取り扱います。
　労組法をはじめ、労基法、労契法などの労働関係法規は、「労働者」に対して適用されますが、「労働者」の具体的な意味合いは、各法規の趣旨・目的ごとにそれぞれ異なる解釈をされています。そこで、労組法上の「労働者」にはどのような労働者が含まれるのか、労組法の趣旨・目的をふまえて検討していきます。

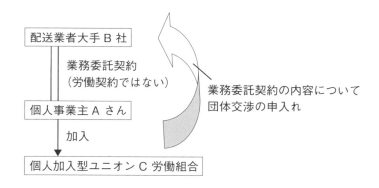

　B社は、オートバイ・自転車等で書類などの配送を行っている大手の会社で、Aさんを含む多数の配送担当者との間でそれぞれ「業務委託契約」を締結して配送事業を運営しています。B社との間では、Aさんは、従業員ではなく、B社から独立した個人事業主という立場であるとされています。
　Aさんとしては、B社から契約を打ち切られてしまうと事実上仕事がなくなってしまうので、B社が提示する「業務委託契約」の具体的内容については、基本的にB社のいうとおりに受け入れざるをえない状況ですが、今回更新された契約内容の中に、どうしても納得できない点がありました。しかし、

Aさんは、自分1人でB社に交渉を持ちかけても聞き入れてもらえないだろうと考え、1人でも加入できるC組合に加入して、C組合を通じて、B社に対し団体交渉を申し入れることにしました。
　さて、B社はC組合からの申入れに応じなければならないでしょうか。労組法7条2号は「雇用する労働者の代表者」からの団体交渉の申入れは正当な理由がない限り拒絶できない、と定めていますが、AさんはB社が「雇用する労働者」に該当するでしょうか。そもそも、B社がAさんと締結しているのは業務委託契約であって、労働契約（雇用契約）ではありませんが、それでもAさんは、労組法上は「労働者」として扱われることがあるのでしょうか。

1　背　景

　昨今、企業においてアウトソーシングが進み、人の働き方がますます多様化しています。正社員・非正社員という区分だけでなく、非正社員の中にも契約社員、パート・アルバイト、そして派遣があり、さらには、「労働契約」ではなく、「請負契約」や「業務委託契約」という名称の契約に基づいて働く人も増えています。このように、契約の一方当事者が何らかの仕事をし、それに対して他方当事者が対価を支払う、という契約形態は、今や、労働契約（雇用契約）に限られず、請負契約、業務委託契約などさまざまな契約があり、そして、それぞれの仕組みもまた複雑になってきているのです。
　人の働き方が多様化・複雑化したことに伴って、「労働者」の意義や範囲についても再検討を迫られることになりました。労組法は、1条で、法の目的を「この法律は、労働者が使用者との交渉において対等の立場に立つことを促進することにより労働者の地位を向上させること」と述べています。ここにいう「労働者」を文字どおり「使用者との間で労働契約という名称の契約を締結している者」と解釈すれば、「労働者」に該当するかどうかの判断基準は明快です。しかし、「労働契約」という名称でなくとも（たとえば、AさんのようにB社との間で「業務委託契約」という名称の契約を締結している場合であっても）、その実質が労働契約に近い場合や、契約の両当事者が実質的に対等な立場にない場合には、法が介入して契約の一方当事者の交渉力を補強することが望ましい場合もあります。
　このように、「労働者」を形式的にとらえると、労組法が保護しようとし

た「働く者」から漏れてしまうおそれがありますので、その「働き」の根拠となっている契約の名称・形式にとらわれることなく、労組法が保護対象としている「労働者」にはどのような働き手が含まれるのかを実質的に検討すること、これが労働者性の問題です。

他方で、「労働者」の範囲をあまりに広げすぎると、使用者に対して必要以上に団交応諾義務を課すこととなり、使用者の負担が重くなりすぎて妥当ではありません。したがって、この労働者性の問題は、団体交渉のテーブルにつくことができる機会をより広く保障して「労働者」の保護を図る必要性と、使用者の過度の負担を回避すべき必要性とを衡量して、労働者を保護し、かつ、使用者に負担を負わせてもやむをえないといえるのはどのような状況か、という価値判断に基づいて検討されることになります。

上述のように人の働き方が多様化していることに伴い、労働者性の判断はますます難しくなっています。また、古くは、労働組合といえば社内組合であり、その組合員は使用者との間で労働契約を締結していることが当然の前提になっていますので、「労働者」なのかどうかが問題になるケース自体が少なかったといえます。しかし、近年、個人加入型組合（⇒Key word⑥）の活動が活発になり、さまざまな形態の組合が誕生したことによって、労働者性が争点となるケースが増えてきました。これを受けて、近時、不当労働行為救済手続（⇒Key word⑧、第25講）や裁判において、労働者性の考え方について労働委員会や裁判所が立て続けに重要な判断を示しています。

このように、労働者性は、近時、特に重要性が増してきている問題ですので、その考え方についてしっかりと理解しておくことが紛争予防の観点からとても重要です。

2　労組法上の「労働者」性の具体的な争われ方

労働者性に関する紛争の発端としては、やはり冒頭の設例のように、ある日突然、会社が個人加入型組合から団体交渉の申入れを受ける、ということが圧倒的に多いでしょう。「労働者」が組合に駆け込むきっかけとしては、契約内容に不満がある場合や、契約の打切りに不満がある場合が多いといえます。

会社としては、労働組合が団体交渉を申し入れてきているのですから（⇒労組法上の「労働組合」性については第1講を参照）、原則として、それを拒む

ことはできません（労組法7条2項）。会社が十分な検討をせずに安易に申入れを拒絶してしまうと、組合は通常、ただちに労働委員会に対して不当労働行為の救済を申し立てますから、拒絶後間もなくして労働委員会での審理が始まり、会社は、必ずしもスピーディーとはいえないその審理手続への対応を迫られることになります。

　そこで、申入れを受けた会社としては、労組法上、その団体交渉に応じる義務を負うのか、その組合員が「使用者が雇用する労働者」に該当しないということを主張できるか、という観点から、労働者性を検討することになります。

3　実務上の対応のポイント

　まず、団体交渉の申入れを受けた際の初動として、その組合員との間で「労働契約」を締結していないから、という理由で団体交渉を安易に拒絶しないことが一番重要です。

　4で紹介する裁判例・命令はどれも、会社が「労組法上の労働者にあたらない」として団体交渉を拒絶したため、まずは労働委員会、その後、裁判所へと審理が進み、最終的に、労働者性が肯定されたという事案です。

　では、労組法上の労働者性は、どのように判断すべきでしょうか。

　まず、「労働者」の意味合いは、法律ごとに判断する、ということがポイントです。法律は、それぞれ趣旨や目的が異なるので、個々の趣旨・目的に照らして解釈すべきだからです。

　労組法上の「労働者」については、労組法3条が、「職業の種類を問わず、賃金、給料その他これに準ずる収入によって生活する者」と定義づけています。ここで「その他これに準ずる収入」をも含めているところが、労基法・労契法上の「労働者」よりも広い概念であることを示しています。

　「その他これに準ずる収入」とは、労働契約そのものでなくても、労働関係に類似した請負や委任などの契約から発生する「報酬」などであっても、名目にかかわらず、労務提供に対する対価が広く含まれることになります。

　（これに対し、労基法・労契法上の「労働者」は、使用者から「賃金」を支払われる者に限定されます。労基法9条、労契法2条1項参照）。これは、労組法が団体交渉の機会を保障することを目的としていることから、「賃金」「給与」と同じような報酬を得る者についても、団体交渉の保護を及ぼす必要性と適切

性が認められれば、広く労組法上の労働者と認めて団体交渉の機会を与えるべきであるという理念によるものです。

　労組法上の労働者性の具体的な判断要素については、近時の命令・裁判例をふまえると、以下のとおり分析できます。

【基本的判断要素】

① 事業組織への組入れ

→ 会社の業務の遂行にあたって、不可欠ないし重要な労働力として組織内に確保されているか。

肯定例）B社は、Aさんのような個人事業主を多数利用することで、配送事業を行っており、Aさんのような個人事業主がいなければ、配送業務が成り立たない。

肯定例）B社は、Aさんのような個人事業主に対して、B社の名称が記載された制服の着用やB社名の入った名刺の携行を義務付けている。

② 契約内容の一方的・定型的決定

→ 労務提供の条件やその対価について、会社が一方的・定型的に決定しているか。

肯定例）B社は、Aさんのような個人事業主との間の業務委託契約の内容について決定権限を有しており、事実上、Aさん側からその契約内容に変更を加える余地がない。

③ 報酬の労務対価性

→ 報酬が労務提供そのものに対する対価としての性格を有するか。

肯定例）B社は、Aさんが配送した荷物の量・件数だけでなく、Aさんを拘束した時間も加味して報酬額を決定している。

肯定例）B社は、時間外手当や休日手当に類するものを支払っている。

【補充的判断要素】

④ 業務の依頼に応ずべき関係

→ 会社からの個々の業務の依頼に対して、労務提供者の側が拒絶することが予定されているか。

肯定例）B社とAさんとの間の業務委託契約上、AさんはB社からの発注を拒絶できないものと定められている。

肯定例）B社において、事実上、B社からの業務の依頼を拒否する者はほとんど存在しない。

⑤ 指揮監督下の労務提供・一定の時間的場所的拘束

→ 広い意味での会社の指揮監督のもとで、労務提供者が契約上定められた業務に従事しているといえるか、また、労務提供にあたり、日時や場所について一定の拘束を受けているか。

肯定例）B社は、作業手順、接客等に関するマニュアルを用意して、Aさんらに

対し、マニュアルの遵守を求めている。
　肯定例）B社は、Aさんらに対し、毎日午後5時までに、1日の業務内容について報告するよう求めている。
　肯定例）B社は、Aさんらに対して、1日1回はB社の事業所に立ち寄るよう指示している。

【消極的判断要素】
⑥　顕著な事業者性
　→　労務提供者が、業務における損益を負担していたり、業務遂行にあたってさらに別の労働者を使用していたりするなど、顕著な事業者性を有する場合は、労働者性は否定される。

　以上のように、労働者性は、さまざまな観点から総合的に判断されるもので、すぐに結論を出すのが難しい場合は少なくありません。
　したがって、もし、団体交渉の申入れのあった組合員の労働者性に疑義がある場合には、ただちに申入れ自体を拒絶するのではなく、労働者性についてどのように考えているのかを、まずは組合側に説明を求めるという方法が考えられます。組合側は、当然に労働者性を有することを前提として団体交渉の申入れを行うのが通常ですから、申入れの時点ですでに、労働者性に関する組合の考え方が明らかにされている、ということは基本的にないはずです。そこで、会社から組合に対して、たとえば、「当社としては、そもそも、○○組合員が『雇用する労働者』（労組法7条2号）に該当するのかどうかについて疑義があり、申入れのあった団体交渉に応じる義務があるかどうかを慎重に判断するため、まずは、○○組合員の労働者性に関する貴組合の見解を書面で明らかにしてほしい。それをふまえて、団体交渉に応じるかどうかを検討したい。」などと述べて、組合側に説明を求めることが考えられます。このように、まずは説明を求めることによって、組合側がどのように考えているのか、また、会社側で見落としている点はないかを検証することができます。それを踏まえて、最終的に団体交渉に応じるかどうかを判断すればよいのです。
　繰り返しになりますが、「労働者」性の有無について、拙速に結論を出すのは得策ではありません。難しい問題であるからこそ、十分に検討する必要がありますし、会社側がその合理的な検討期間中、団体交渉の申入れに対する回答を留保すること自体は、正当な対応であり、団体交渉応諾義務（労組

法7条2号）違反が問われることはないと考えます。

4 裁判例・命令などの紹介

○ ＣＢＣ管弦楽団事件（最一小判昭和51年5月6日民集30巻4号437頁）
→ 「自由出演契約」を締結していた管弦楽団員について、事実上、出演を拒否できなかったことなどを理由に、労組法上の労働者性が肯定された事例。

○ 新国立劇場運営財団事件（最三小判平成23年4月12日民集65巻3号943頁）
→ 「個別公演出演契約」を締結してオペラの公演等に出演していた合唱団員について、各公演の実施に不可欠な労働力として財団の組織に組み入れられていたことなどを理由に、労組法上の労働者性が肯定された事例。

○ INAXメンテナンス事件（最三小判平成23年4月12日労判1026号27頁）
→ 「業務委託契約」を締結して住宅設備の修理補修業務に従事していたカスタマーエンジニアについて、会社の事業の遂行に不可欠な労働力として組織に組み入れられていたこと、会社が一方的に契約内容を決定していたことなどを理由に、労組法上の労働者性が肯定された事例。

○ ビクター事件（最三小判平成24年2月21日民集66巻3号955頁）
→ 「業務委託契約」を締結して音響機器の修理補修業務に従事していた個人代行店について、事業の遂行に必要な労働力として組織に組み入れられていたことなどを理由に、労組法上の労働者性が肯定された事例。

○ ソクハイ事件（東京地判平成22年4月28日労判1010号25頁）
→ 「運送請負契約」を締結して配送業務に従事していたバイシクルメッセンジャーについて、事業の遂行に必要な労働力として組織に組み入れられていたことなどを理由に、労組法上の労働者性が肯定された事例。本講の事例作成において参考にしたものである。

○ ファミリーマート（団交拒否）事件（都労委命令平成27年4月16日労判1117号94頁）
→ 会社（フランチャイザー）との間でフランチャイズ契約を締結していたコンビニの店長（フランチャイジー）について、「『フランチャイズ契約』との形式であっても、その実体においてフランチャイジーがフランチャイザーに対して労務を提供していると評価できる場合もあり得る」としたうえで、本講で紹介した判断要素に則って検討し、労組法上の労働者性を肯定した事例。

第3講 グループ会社における親会社の使用者性

親会社は、グループ内子会社の従業員が加入した労働組合からの団体交渉の申入れを拒絶できるか?

本講〜第5講では、組合員たる労働者との間で直接ないし現在の労働契約関係がない場合を題材として、労組法上の「使用者」性について検討します。不当労働行為(⇒Key word⑦)を規定する労組法7条柱書は、「使用者は、次の各号に掲げる行為をしてはならない。」と定めていますので、この「使用者」の意味合いをどのように解釈すべきか、労基法や労契法上の「使用者」と同一なのかどうかが問題となります。本講では、企業グループ内子会社の従業員が加入する労働組合が親会社に対して団体交渉を申し入れた場合、親会社が「使用者」として団交応諾義務を負うかどうか検討します。

<図1:①事件・②事件>

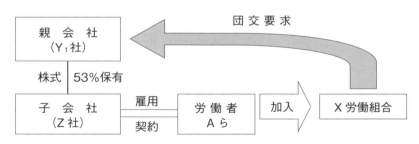

(Z社の取締役の約半数は、Y₁社出身であるか、またはY₁社との兼務役員である。)

Aさんは、リレー部品等の製造等を営むZ社(大正6年設立)の従業員であり、同社の従業員の多数で組織するX労働組合に加入していました。

Z社とX労働組合間は、昭和52年に「Z社は、企業の縮小・閉鎖・分離・合併・新機械の導入などにより、組合員の労働条件を変更する必要が生じた場合は、事前に組合と協議し合意のうえ実施する。」、「組合の役職者の異動は、組合の同意を得て行う。」等と定める労働協約を締結していました。

平成11年頃、Y₁社がZ社の株式の約53%を保有してZ社がY₁社の子会社となり、その後、Z社は、上記の協約に反して、X労働組合の同意なく、Z社からリレー製造全体にかかわる業務を他社に営業譲渡したり、X労働組合の組合員9名に対し人事異動を発令したりしました（以下これを「第1次再編」といいます）。X労働組合は、これに抗議し、Z社のみならず、親会社であったY₁社にも団体交渉を申し入れましたが、Y₁社は拒否しました（①事件）。

　続いて、平成13年9月には、Z社の事業持株会社としてY₂社が設立され、Z社からY₂社に対し、Z社グループ全体を統括する管理・営業・技術開発部門が営業譲渡（事業譲渡）され、Z社はY₂社の製造子会社に特化されました。Y₁社は、保有していたZ社株式を手放し、代わってY₂社の議決権株式の約68%を保有するに至りました（以下これを「第2次再編」といいます）。

　X労働組合は、第2次再編によるY₂社の設立等に関して、Z社のみならず、Y₂社設立前の親会社であったY₁社にも団体交渉を申し入れましたが、Y₁社は再び拒否しました（②事件）。

　さらに、X労働組合は、第2次再編後のZ社工場の存続・発展のための今後の経営計画・事業計画と工場労働者の雇用確保等のための方策を明らかにすること等を求めて、Z社のみならず、持株会社となったY₂社、さらにはその親会社となったY₁社に対しても団体交渉を申し入れましたが、Y₂社もY₁社もこれを拒否しました（③事件）。

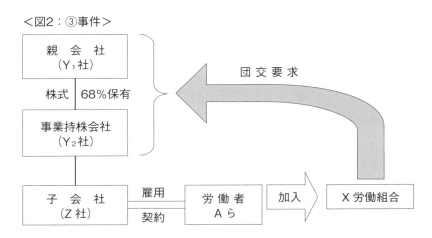

　Y₁社やY₂社による団体交渉の拒否は、不当労働行為に該当するでしょうか。Y₁社やY₂社は、Z社の従業員であるAさんらとの間で労組法上の「使

用者」にあたるのでしょうか。

1 背　景

　かねてから大企業がいくつかの子会社を保有して企業グループを形成している例は多く、また、平成9年の独占禁止法改正により純粋持株会社が解禁されて以降はよりいっそう増えました。さらに、近年、会社分割の簡素化、株式交換・移転制度や会社分割による持株会社の設立に関して商法（会社法）の改正が行われ、ますます企業再編が進んでいくことが予想される中で、子会社の従業員と親会社や持株会社（以下、単に「親会社」といいます）との関係をどのように考えるべきでしょうか。

　たしかに、親子会社であっても、法人格は別であり、子会社の従業員はあくまで当該子会社との間でのみ労働契約関係を有しています。しかし、親会社が、子会社に対して一定の支配を及ぼしていることもまた事実です。冒頭の事例のように、子会社の従業員全体の労働条件に影響が出るような出来事が発生し、それが親会社の策定したグループ全体の経営方針による場合には、子会社の従業員で組織する労働組合としては、子会社のみに団体交渉を申し入れるだけでは事態の解決にならないと考え、親会社に対しても団体交渉を申し入れることがしばしば行われます。

　そのような場合、大抵の親会社は子会社の従業員との労働契約関係の不存在を理由に、「自分は使用者ではない」として団体交渉を拒否することが多いのですが、労組法7条の「使用者」性は、雇用契約の存否のみによって形式的に判断されるのでしょうか。

2　労組法上の使用者性に関する朝日放送事件最高裁判決の内容

　労組法上の使用者性の考え方を最高裁が明らかにしたのが、朝日放送事件最高裁判決（最三小判平成7年2月28日民集49巻2号559頁）です。この事件は、放送会社（甲）からアシスタント・ディレクター業務、音響・照明業務など放送関連の技術業務を請け負う会社（乙）の従業員の加入した労働組合が、業務従事先である放送会社（甲）に対して、「賃上げ、一時金の支給、下請け会社の従業員の社員化、休憩室の設置を含む労働条件の改善等」を議題として団体交渉を申し入れたところ、放送会社（甲）が使用者ではないこと

を理由に拒否したもので、最高裁は、次のように判示しました。

> 労組法7条にいう「使用者」の意義について検討するに、**一般に使用者とは労働契約上の雇用主をいうものであるが**、同条が団結権の侵害に当たる一定の行為を不当労働行為として排除、是正して正常な労使関係を回復することを目的としていることにかんがみると、**雇用主以外の事業主であっても、雇用主から労働者の派遣を受けて自己の業務に従事させ、その労働者の基本的な労働条件等について、雇用主と部分的とはいえ同視できる程度に現実的かつ具体的に支配、決定することができる地位にある場合には、その限りにおいて、右事業主は同条の『使用者』に当たるものと解するのが相当である。**

　この考え方を前提として、放送会社（甲）が、請負事業者（乙）から請負契約に基づき派遣されてきた乙の従業員が従事すべき業務の全般について作業日時、作業時間、作業場所、作業内容等の細部に至るまで決定していたことから、甲は実質的にみて、乙の従業員の基本的な労働条件等について、乙と部分的とはいえ同視できる程度に現実的かつ具体的に支配、決定することができる地位にあり、その限度において労組法7条2号の「使用者」に該当するとして、甲は、自ら決定することができる勤務時間の割り振り、労務提供の態様、作業環境等に関する限り、正当な理由がなければ乙の従業員が組織する労働組合との団体交渉を拒否できない、と結論づけました。
　このように、最高裁は、労組法7条2号の「使用者」について、労働契約上の雇用主を基本としつつも、雇用主以外の事業主であっても、「労働者の基本的な労働条件等について雇用主と部分的とはいえ同視できる程度に現実的かつ具体的に支配、決定することができる地位にあるか否か」を検討し、これが肯定される場合には、その限りにおいて、つまり、支配・決定している事項を団交事項とする団体交渉については、部分的に「使用者」性が認められることを明らかにしました。
　朝日放送事件最高裁判決以後、労組法上の「使用者」該当性については、すべてこの「労働者の基本的な労働条件等について、雇用主と部分的とはいえ同視できる程度に現実的かつ具体的に支配、決定することができる地位にある」かどうかという観点から判断されています。
　ここからわかることは、労組法上の「使用者」性と、労基法・労契法上の「使用者」性は、もちろん重なり合うものではあるものの、必ずしも一致するわけではなく、労組法上の「使用者」性の方が広い概念である、ということです。労組法は、団体交渉を促進させることを目的とした法律ですから

(団体交渉中心主義⇒Key word④)、労働者側が誰との間で団体交渉を行えば有意義であるか、という観点から「使用者」性を考えることになります。つまり、ある労働条件について、「雇用主と部分的とはいえ同視できる程度に現実的かつ具体的に支配、決定することができる地位にある」者がいるならば、その労働条件については、雇用主ではないその者との間で団体交渉を行うことが端的でありかつ有効的である、ということになります。

もう1つ、重要であるのは、労組法上の「使用者」性は部分的なものでありうるということです。ひとたび「使用者」性が肯定されれば、以後あらゆる団体交渉に応じなければならない、ということではありません。「使用者」性の有無は、団体交渉が申し入れられた具体的な団交事項との間で個々に判断すべき相対的なものであり、ある団交事項（労働条件）との間では「使用者」であっても、別の団交事項（労働条件）については「使用者」ではないということもあります。

3 親会社の「使用者」性の考え方

朝日放送事件最高裁判決が「一般に使用者とは労働契約上の雇用主をいう」と述べているように、原則として、親会社は、子会社の従業員との関係では労組法上の「使用者」には該当しません。子会社といえども、親会社とは独立した法人格を有しており、子会社の従業員はあくまで子会社に雇用されているからです。

問題は、どのような事情があれば、親会社が子会社の「労働者の基本的な労働条件等について雇用主（=子会社）と部分的とはいえ同視できる程度に現実的かつ具体的に支配、決定することができる地位にある」と評価されてしまうのかということです。

冒頭の事例は、高見澤電機製作所ほか2社事件（東京地判平成23年5月12日判時2139号108頁、東京高判平成24年10月30日判例集未登載で維持）をベースとしたものですが、この事件で裁判所は、朝日放送事件最高裁判決が述べる基準をあげたうえで、

- ①事件および②事件の時点（図1）において、Y_1社はZ社の株式の過半数を所有し、Z社の全取締役の約半数がY_1社出身またはY_1社との兼務役員であったことから、資本関係および出身役員を通じ、親会社としてZ社に対し、その経営について一定の支配力を有していた。

- ③事件の時点（図2）において、Y₂社は、資本関係および兼務役員を通じて、親会社としてZ社に対し、その経営について一定の支配力を有し、営業取引上優位な立場を有していたとみることができるし、Y₁社も、資本関係および出身役員を通じ、孫会社であるZ社に対し、経営について一定の支配力を有していたと推認することができる。

としつつも、第1次再編、第2次再編ともに、Y₁社の関与が、親会社のグループ経営戦略的観点から行う管理・監督の域を超えたものであると認めるだけの証拠や、Y₂社やY₁社がZ社の労働者の賃金、労働時間等の基本的な労働条件等に対して、雇用主であるZ社と同視できる程度に現実的かつ具体的な支配力を有していたと認めるだけの証拠がない、として、①②③事件のいずれについても、Y₁社およびY₂社の「使用者」性を否定しました。

　企業グループの頂点に立つ親会社が傘下の子会社の経営に関してその方針や目標を示すのは当然のことであり、それが子会社の労働条件に影響することもあるでしょう。しかし、それだけでは、「使用者」にはならないのです。このことを、上記判決は、「親会社のグループ経営戦略的観点から行う管理・監督の域を超えたもの」とはいえないと表現しています。

　では、どのような場合に、「親会社のグループ経営戦略的観点から行う管理・監督の域を超えたもの」と評価されるおそれがあるか、については、厚労省が発表した「持株会社解禁に伴う労使関係懇談会」中間とりまとめ（平成11年12月24日）が参考になります。

　ここでは、「純粋持株会社のあるべき姿」として、「労働関係についても、純粋持株会社がグループ全体の経営戦略の一環として個々の子会社の人事労務に係る目標を示すことはあるとしても、子会社の労働条件の決定にまで介入することは本来の姿ではない」ことを確認したうえで、子会社の労働組合との関係で純粋持株会社の使用者性が肯定される可能性が高い典型例として、

① 純粋持株会社が実際に子会社との団体交渉に反復して参加してきた実績がある場合。
② 労働条件の決定につき、反復して純粋持株会社の同意を要することとされている場合。

をあげています。

　①に関して、親会社から子会社に兼務出向している者（人事部長等）が団

体交渉に出席することもあるかと思いますが、その場合にも、あくまで子会社の従業員としての立場で出席することを明確にし、団体交渉の場で述べる意見も子会社としての立場から述べるものであることを徹底すべきです。

②に関しては、親会社の同意や承認が得られなければ子会社において具体的な労働条件（典型例が賞与額や昇給額）を最終決定できないという状況に達していることを意味しており、単に親会社がグループとしての方針を示したり、グループ各社の情報を子会社に提供したりしているだけでは、②には該当しません。

ただ、②に該当しない場合であっても、子会社の団体交渉において、不用意に「それは親会社に確認しないとわからない」といった親会社への言及を行うことは差し控えるべきです。②への該当性を疑われてしまいかねません。

このほか、親会社が子会社の従業員の採用過程に関与し、実質的に親会社が採用を決定しているというような事情がある場合には、労働条件全般について親会社の使用者性が肯定されやすくなります。

4 実務上の対応ポイント

親会社が子会社の従業員の加入する労働組合から団体交渉の申入れを受けた場合には、個々の団交要求事項ごとに、上記 2 3 をふまえて「使用者」性の有無を検討することになります。雇用関係がないという形式的な理由で拙速に団体交渉を拒否してはいけません。

そして、正しく検討した結果、やはり労組法上の「使用者」には該当しないとの結論に至った場合には、団体交渉の申入れを拒絶することができます。その場合には、親会社は、団体交渉を申し入れてきた労働組合に対して、

> 今般、子会社であるＺ社の従業員であるＡ氏らが加入している貴組合より団体交渉の申入れを受けましたが、Ａ氏らと当社との間には、現在も過去においても雇用契約関係は一切存在せず、なおかつ、本件団交事項であるＡ氏らの労働条件等について、当社がＺ社と同視できる程度に現実的かつ具体的に支配・決定しているという事実は一切ありません。よって、当社はＡ氏らの「使用者」に該当しませんので、団体交渉に応じることはいたしかねます。

という内容を通知すべきであると考えます。

なお、親会社が「使用者」に該当しないと考えたとしても、労働組合からの申入れに何ら応答せず無視することは絶対に避けるべきです。
　団体交渉の申入れを拒絶すれば、それがいかなる理由であったとしても（拒絶について正当な理由がある場合であっても）、労働組合は労働委員会に対して救済を求める可能性が高く、親会社は、その審理手続への対応を余儀なくされます。そのため、どのような場面であっても、常に労働委員会に申し立てられた場合を想定しつつ、あらかじめ対応しておく必要があるのです。
　よって、親会社は団体交渉を拒絶する理由を上記のように文書で明らかにして労働組合に通知し、労働委員会の場で拒絶の正当性を説明しやすくしておく（対応の不備を指摘されないようにしておく）ことが大切です。

5　裁判例・命令などの紹介

○　京都新聞社事件（中労委命令平成23年4月6日中労時1135号60頁）
　→　かつて1社であったが、グループ全体の調整および編集の機能（Y社・被申立人）、営業および総務等の機能（A社）、印刷および発送の機能（B社）の3社に分社し、それに伴い、Y社の子会社であるC社で行っていた業務をA社で行うこととなったため、その業務に従事していた契約社員がA社に採用されることになった。Y社は、A社の設立前に、契約社員Xらについて契約更新は3年を上限とするルール（3年ルール）を定める就業規則を作成したり、採用手続を行ったりしていた。
　　Xらが3年ルールの適用によりA社から雇止めされることになったため、Xらの所属する組合が、雇止めに関する決定権を有するのはY社であるとしてY社に団体交渉を申し入れたが、Y社は、「A社固有の問題である」として拒否した。
　　これについて中労委は、
・　分社化後の3社は、グループ会社として事業の組織と機能において密接不可分な関係にあった。
・　Y社は、資本関係および役員を通じてA社の経営に対する強い支配力を有していた。
・　A社は設立以降、売上の9割がY社からの委託業務であり、経済的にもY社に完全に依存していた。
としつつも、A社はY社から分社化された1個の法人企業であり、経営上の機関として株主総会、取締役会および局長会議を有しており、これらが形骸化しているとはいえないこと、XらのA社入社後における契約の更新、勤務時間の管理、人事管理や更新後の基本的労働条件の決定についてY社は現実的・具体的な関与をしていなかったこと、3年ルールは、分社当時にグルー

プ会社の経営体制を整える一環として導入されたもので、分社後の前後を通じ必ずしも厳格に運用されていたとは認められず、3年ルールをA社自身で変更する余地があったことなどを指摘して、Y社の「使用者」性を否定した。

○ ジャレコほか1社事件（中労委命令平成27年3月31日中労委データベース）
→ 子会社（Y_1社）が事業撤退を理由に従業員Xを解雇したことに関して、Xが加入した組合がY_1社とその親会社（純粋持株会社）であるY_2社に対して団体交渉を申し入れた事案。

Y_2社は、Y_1社の全株式を保有する等して、資本関係および役員の派遣を通じてY_1社に対し一定の支配力を有しており、また、子会社の意思決定に対する事前承認制度に基づいてY_2社の経営に関与していたが、それはY_2社が株式の所有を通じて子会社の事業活動を支配することを主たる事業としていたことによるものであり、Y_2社が株主の権限を越えてY_1社の経営に関与していたとはいえないこと、子会社の従業員の人事、労働条件の決定に関しては、Y_2社の事前承認は必要とされておらず、子会社が自ら決定すべきものとされていたこと、解雇のきっかけとなった事業撤退についても、Y_2社の事前承認は必要とされておらず、Y_1社において決定すべきものとされていたことなどから、Y_2社の「使用者」性を否定した。

第4講 派遣先事業主の使用者性

派遣先事業主は、派遣労働者の加入した労働組合からの団体交渉の申入れを拒絶できるか？

第3講に引き続き、労組法上の使用者性の考え方をみていきます。本講では、派遣先事業主が派遣労働者との間で労組法上の使用者となる場合があるのかを検討します。近時、労働委員会や裁判所で重要な命令や判決が相次いで出されているテーマの1つです。

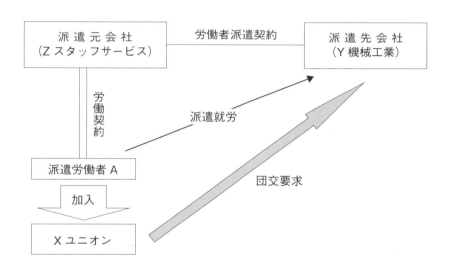

Aさんは、人材派遣会社であるZスタッフサービスに派遣登録していたところ、この度、自動車部品などを製造しているY機械工業へ工員として派遣されることが決まり、Zスタッフサービスとの間で労働契約を締結したうえで、Y機械工業での派遣就労を開始しました。

Aさんは、土日を除いて毎日、Y機械工業へ出勤し、Y機械工業の従業員から日々指導を受けてようやく機械の扱い方に慣れ、また、工場内の人間関

係にも慣れてきたと思い始めたころ、リーマンショックが発生しました。これによりＹ機械工業の受注量は急激かつ大幅に減少したため、Ｙ機械工業は人員削減に着手し、まずは派遣社員を削減することを決めました。その結果、Ｙ機械工業は、Ｚスタッフサービスとの労働者派遣契約を中途解除し、これにより、Ａさんは、Ｙ機械工業で働くことができなくなりました。さらに、当時は同業他社もどこも同じような状況であり、新たな働き口も見つからず、最終的にＺスタッフサービスから解雇されて職を失ってしまいました。

Ａさんは、いくら不況であっても、派遣社員を簡単に切り捨てるのはおかしいと考え、これからもＹ機械工業で勤務し続けられるよう、個人加入型の労働組合であるＸユニオンに加入し、ＸユニオンからＹ機械工業に対して、雇用の継続を求める団体交渉を申し入れてもらうことにしました。

さて、Ｙ機械工業は、Ｘユニオンからの団体交渉の申入れに応じなければならないでしょうか。労組法 7 条 2 号は「使用者が雇用する労働者の代表者と団体交渉をすることを正当な理由がなくて拒むこと」を禁止していますが、Ｙ機械工業はＡさんの「使用者」に該当するのでしょうか。

1 背　景

冒頭の事例のように、リーマンショックを受けて日本の景気が急激に冷え込んだことを受けて、いわゆる「派遣切り」が多発し、派遣就労の不安定さが浮き彫りになり、社会問題となったことは記憶に新しいと思います。

そもそも企業はなぜ、自ら雇用している労働者のほかに、派遣労働者を受け入れるのでしょうか。それは、派遣労働者の有する専門性を見込んで、という場合ももちろんありますが、やはり、企業側の事情による人員調整を行いやすくするため、という動機が大きいでしょう。労働者派遣であれば、派遣先は、必要なときには派遣元を通じて労働力を集め、後にそれが不要になれば、派遣元との間の労働者派遣契約を終了させることで雇用調整を行いやすいといえます。労働者派遣契約を（特にその期間満了により）終了させる場合には、自ら雇用している従業員を解雇・雇止めする場合のような「合理的な理由」や「社会通念上の相当性」を求められることはありませんので、解雇等の効力を争われる紛争リスクを負うことなくして人員調整を行うことができるのです。

こうして、リーマンショック後、急激な景気悪化により「派遣切り」が多

発し、それに疑念を抱いた多数の派遣労働者が各地で声をあげました。そして多くの場合、その声は、自らを直接解雇・雇止めした派遣元ではなく、派遣先に向けられました。

　派遣労働者を雇用していたのは、あくまで派遣元です。しかし、派遣労働者は、毎日派遣先で就労していくうちに、心の中では、労働契約を締結している派遣元ではなく、毎日通っている派遣先の方を自分の「会社」だととらえるようになり、いつの間にか、派遣先が自分の雇用を守るべきだと考えるようになることが少なくありません。また、派遣元から解雇・雇止めされたのは派遣先のせいだ、だから派遣先の考えを変えさせ、就労の継続を求めたいと考えて、派遣元ではなく派遣先に対して、労働組合に加入して団体交渉を申し入れる、ということもしばしば行われます。

　これに対して、団体交渉の申入れを受けた派遣先は、多くの場合に「自分は使用者ではない」という理由で団体交渉を拒絶します。派遣先と派遣労働者との間には労働契約関係は一切存在しませんから、使用者の団交応諾義務を定めた労組法7条2号は派遣先には適用されない、というのがその根拠です。このような考え方は法的に正しいのか、労働契約上の使用者と労組法上の使用者の異同について、以下で検討していきます。

2　派遣先事業主の「使用者」性の考え方

　原則として、派遣先は、派遣労働者との関係では労組法7条2号にいう「使用者」に該当しません。

　なぜなら、労働者派遣は、派遣先は指揮命令をするだけで雇用はしない、というのが制度の根幹であり（労働者派遣法2条1号の「労働者派遣」の定義を参照してください）、雇用と指揮命令を分けることを大前提とするものだからです。

　このように、労働者派遣法は、派遣先は指揮命令のみにとどまり、雇用主はあくまで派遣元であることを大前提として労働者派遣制度を構築していますから、労組法上も、原則として派遣先が「使用者」としての団交応諾義務を負うことはないものととらえるべきことになります。この点については、法律上の明文規定はありませんが、労働者派遣法改正時の政府答弁においても、原則として、集団的労使関係における使用者は雇用主である派遣元であること、派遣先は派遣労働者との関係で労組法7条の使用者とならないこと

が一貫して述べられています。

ただし、労組法上の「使用者」は、必ずしも、労働契約関係の存否とは一致しません（朝日放送事件最高裁判決（最三小判平成7年2月28日民集49巻2号559頁））⇒詳しくは第3講②参照）。団体交渉の機会をより広く認めて労働者の保護を図るという労組法の目的を実現できるよう、労基法や労契法上の「使用者」の範囲とは異なる視点から、独自に検討されるものです。

近時の労働委員会命令・裁判例をふまえると、派遣先の「使用者」性は次のように整理されます。

原則　労働契約上の雇用主が基本的に労組法上の「使用者」に該当。
　⇒　派遣先は原則として「使用者」に該当しない。
　　ただし、これはあくまで派遣が適法になされていることを前提とするものであり、労働者派遣法が予定している労働者派遣の枠組みや労働者派遣契約で定められた基本的事項を逸脱して労働者派遣が行われている場合には、派遣先が「使用者」に該当する場合がある（「使用者」に該当するかどうかは、当該団交事項について派遣先が実質的な決定権限を有しているかどうかによって判断される）。

例外　労働契約上の雇用主以外であっても、
① 派遣先が、当該労働者の基本的な労働条件等に対して、雇用主と部分的とはいえ同視できる程度に現実的かつ具体的な支配力を有しており、その労働条件等について団体交渉の申入れがあった場合には、労組法上は「使用者」に該当する。
⇒ⅰ）労働者派遣法44条以下で、派遣先が労基法や労働安全衛生法上の使用者としての責任を負うものと定められている労働条件※を団交事項とする団体交渉の申入れがあり、かつ、当該労働条件について、派遣先が実質的な決定権限を有する場合。
　　※　労働時間管理全般、休憩、休日など。
ⅱ）労働者派遣契約の打切りにあたり、「派遣先が講ずべき措置に関する指針」（平成11年11月17日労働省告示第138号※）に反して派遣先が当該派遣労働者の新たな就業機会の確保を行わなかった場合に、その確保を求めて、団体交渉の申入れがあった場合。
　　※　「派遣先は、労働者派遣契約の契約期間が満了する前に派遣労働者の責に帰すべき事由以外の事由によって労働者派遣契約の解除が行われた場合には、当該派遣先の関連会社での就業をあっせんする等により、当該労働者派遣契約に係る派遣労働者の新たな就業機会の確保を図ること。」
または
② 派遣先と当該派遣労働者との間に、近い将来において雇用関係の成立する可能性が現実的かつ具体的に存在する場合に、その雇用関係に関して団体交

渉の申入れがあった場合には、労組法上は「使用者」に該当する。
⇒ 違法派遣が行われたため、労働者派遣法40条の6に基づき派遣先により派遣労働者に対して直接労働契約の申込みがなされたものとみなされ、その結果、当該派遣労働者との間で直接の労働契約が成立ないし成立する見込みとなったことをふまえて、当該労働契約上の労働条件を団交事項とする団体交渉の申入れがあった場合。

3 実務上の対応のポイント

　紛争の発端としては、冒頭の事例のように、ある日突然、派遣先が、派遣労働者またはかつて派遣労働者だった者が加入した労働組合から団体交渉の申入れを受ける、ということが圧倒的に多いでしょう。

　団体交渉事項としては、冒頭の事例のような、派遣切りの不当性を求めるものもありますが、このほか、現在も派遣就労が続いているには、派遣労働者の就労環境・就労条件（たとえば、労働時間管理や派遣先におけるハラスメント等）に関する要求が掲げられることもあります。

　労組法7条2号に基づき団交応諾義務を負うのは「使用者」に限定されますから、当該組合員（派遣労働者）との関係で派遣先が同号の「使用者」にあたらないのであれば、団体交渉の申入れを拒絶することが可能です。「使用者」にあたらない以上、申入れがあった団体交渉に派遣先が1度も応じることなくただちに拒絶したとしても、法的には何ら問題がありません。

　ただし、2でみたように、労組法上の「使用者」性は、労働契約関係の存否と必ずしも連動せず、個々の具体的な団交事項や派遣労働者の具体的な管理状況との関係で「使用者」性の有無が決まるきわめて相対的な概念です。したがって、組合員が派遣労働者であったとしても、それだけで「使用者」ではないから団体交渉を拒絶してよいと考えるのは拙速であり、具体的な状況に応じて正しく「使用者」性の有無を判断することが大切です。そして、適切に判断した結果、労組法上の「使用者」には該当しないとの結論に至った場合には、団体交渉の申入れを拒絶します。その場合には、労働組合に対して、

> 　今般、貴組合より組合員Ａ氏について団体交渉の申入れを受けましたが、Ａ氏と当社との間には、現在も過去においても労働契約関係は一切存在せず、よって、当社はＡ氏の「使用者」に該当しませんので、団体交渉に応じることはいたしかねます。

という程度の内容を通知すれば足りますが、「使用者」に該当しないことが一見して明らかな場合であっても、組合からの申入れに何ら応答せず無視することは絶対に避けるべきです（⇒第3講 4 参照）。

4 　裁判例・命令などの紹介

○　朝日放送事件（最三小判平成7年2月28日民集49巻2号559頁）
　　→　「使用者」性のリーディングケースであるが、労働者派遣法制定前の事案である。詳しくは第3講を参照。
○　ショーワ事件（中労委命令平成24年9月19日別冊中労時1436号16頁）
　　→　派遣を打ち切られた派遣労働者が加入する労働組合が、雇用の継続等を求めて派遣先に対して団体交渉を求めた事例。派遣先が労働者派遣法40条の4の労働契約申込義務を怠ったのにとどまらず、労働行政機関が派遣労働者の雇入れ（直接雇用）の行政勧告ないしその前段階としての行政指導を行うに至ったという場合には、派遣先は、その行政勧告または行政指導に従って派遣労働者の雇入れに応じることが法律上強く求められ、客観的にみて派遣先が雇入れに応じる可能性が現実的かつ具体的状況にあるといえるから、派遣先は、近い将来派遣労働者との間で雇用関係の成立する可能性が現実的かつ具体的に存する者として、労組法上の使用者となりうることを示唆した例。また、労働契約申込みみなし制度が施行された後においては、同制度により労働契約の申込みがなされたとみなされる場合は、派遣先は、直接雇用後の労働条件につき労組法上の使用者性を肯定されることを示唆した例。派遣先の「使用者」性の考え方について詳細な判断が示されている（本講の事例作成において参考にした事案である）。
○　兵庫県・兵庫県労委（川崎重工業）事件（神戸地判平成25年5月14日労判1076号5頁）
　　→　派遣先が経営悪化を理由に派遣を打ち切ったため、派遣元から解雇ないし雇止めされた派遣労働者が加入する労働組合が派遣先に対して直接雇用を求めた事例。派遣先が労働者派遣法40条の4の労働契約申込義務を怠ったとしても、労働者派遣法上の指導、助言、勧告、公表等の措置がとられるにとどまることからすると、このことからただちに派遣先が派遣労働者との間で近い将来において雇用関係の成立する可能性が現実的かつ具体的に存するもの

ということはできないとして、派遣先の派遣労働者に対する使用者性を否定。
○　阪急交通社事件（中労委命令平成24年11月7日労判1060号95頁。東京地判平成25年12月5日労判1091号14頁が中労委の判断を支持）
　　→　派遣労働者の労働時間管理について、派遣労働者が加入する労働組合が派遣先に対して団体交渉を求めた事例で、派遣先の「使用者」性の考え方について詳細な判断が示されている。結論として、上記の例外①ⅰ）の観点から使用者性を肯定。
○　国・中労委（クボタ）事件（東京高判平成23年12月21日判例集未登載。原審：東京地判平成23年3月17日労判1034号87頁の判断を支持）
　　→　派遣先が派遣労働者を直接雇用する方針を決定したものの、いまだ直接雇用が実現されていない段階において、直接雇用後の労働条件に関し派遣労働者の加入する労働組合が派遣先に対して団体交渉を求めた事例。結論として、労働契約関係に隣接ないし近似する関係にあったとして、上記の例外②の観点から使用者性を肯定。

第5講 労働契約終了後(開始前)の団交応諾義務の存否

労働契約がすでに終了している元従業員が加入した労働組合からの団体交渉の申入れを拒絶できるか?

　本講では、労組法上の使用者性が問題となる場面のうち、すでに労働契約が終了した後に焦点をあてます。第3講ではグループ会社における親会社について、第4講では派遣先事業主について検討しましたが、本講ではさらに、現時点では労働契約関係は存在しないものの、過去において存在していた場合、または近い将来生じるが現在はいまだ存在しない場合に、労組法上の使用者性が認められ、団交応諾義務を負う場合があるか検討します。

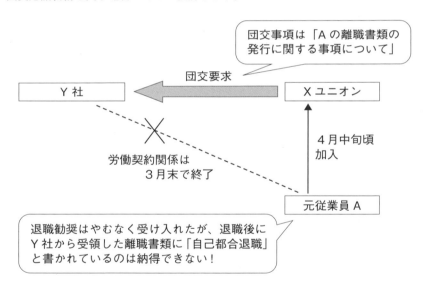

　Aさんは、Y社で正社員として40年近く勤務し、あと2年ほどで定年退職を迎える予定でしたが、Y社の業績が悪化したことを理由に平成27年2月ころよりY社の人事部長から退職勧奨を受けるようになりました。Aさんは、長年就労してきた会社とトラブルになりたくないという思いもあり、割増退

職金を受領することを条件に退職を受け入れることを決断し、同年3月末日をもってY社を退職しました。ところが、退職後にAさんがY社から送付されてきた雇用保険被保険者資格喪失届および雇用保険被保険者離職証明書（以下あわせて「離職書類」といいます）をみたところ、退職理由として「自己都合による退職」と記載されていたのです。Aさんとしては、長年就労してきたY社からの退職勧奨を受け入れる旨の決断をして退職願を提出したのですから、雇用保険の給付が優遇されるように「会社都合による退職」と記載されるべきだと考え、その旨をY社の人事部長に連絡しましたが、人事部長は聞き入れてくれませんでした。

Aさんは、平成27年4月中旬ころ、知人からXユニオンの役員であるBさんを紹介され、この経緯を話したところ、Bさんに勧められてXユニオンに加入し、Xユニオンはさっそく、Y社に対し、組合員となったAさんの離職書類の発行に関する事項について団体交渉を申し入れました。

Y社としては、すでにAさんが3月末日をもって退職しており、退職自体はAさんも納得していたことから、退職後に加入したXユニオンとの団体交渉に応じなければならないのか疑問に思っています。

労組法7条2号は「使用者が雇用する労働者の代表者と団体交渉をすることを正当な理由がなくて拒むこと」を禁止していますが、Y社は、X組合から団体交渉の申入れを受けた平成27年4月の時点でもAさんとの関係で労組法上の「使用者」に該当することはあるのでしょうか。

1 背景

個人加入型組合（⇒Key word⑥）の活動の活発化により、労働組合へのアクセスが比較的容易になったことから、退職した労働者が解雇の無効や残業代の請求、在職中に受けたというハラスメントへの慰謝料などを求めて労働組合に加入し、団体交渉を申し入れることは珍しくなくなりました。また、在職中に石綿（アスベスト）により被曝していたことが退職から数十年後に発覚し、その補償を求めて団体交渉を申し入れるというケースも全国的に多発しています。

労組法7条2号は、「使用者が雇用する労働者の代表者と団体交渉をすることを正当な理由がなくて拒むこと」を不当労働行為として禁止し、「使用者」が「雇用する労働者」の加入した労働組合が申し入れた団体交渉につい

て応諾義務を負うことを定めています（なお、「使用者」にあたるかという問題と、「雇用する労働者」にあたるかという問題は、表裏の関係にあります）。そして、労組法における「使用者」や「雇用する労働者」の意義が、必ずしも労働契約上の労使関係に連動するものではないことは第3講以下でみてきたとおりです。

　ある日突然、退職者が加入した組合から団体交渉の申入れを受けたとしても、初動対応を誤らないよう、労組法における「使用者」の範囲を正しく理解しておくことは実務上とても大切です。

2　労働契約関係の有無と労組法上の「使用者」性

　労組法における「使用者」について、労契法における「使用者」、すなわち、「その使用する労働者に対して賃金を支払う者」（労契法2条2項）と同じ概念であると考えるならば、冒頭の事例のように労働契約関係が終了した過去の使用者は労組法の「使用者」には一切該当しないことになります。

　しかし、朝日放送事件最高裁判決（最三小判平成7年2月28日民集49巻2号559頁）は、労組法7条2号の不当労働行為（団体交渉拒否）の主体となる「使用者」について、労働契約上の雇用主を基本としつつも、それだけにとらわれず、雇用主以外の事業主であっても、「労働者の基本的な労働条件等について雇用主と部分的とはいえ同視できる程度に現実的かつ具体的に支配、決定することができる地位にあるか否か」を検討し、これが肯定される場合には、その限りにおいて「使用者」性を認めることを明らかにしました（⇒第3講）。

　つまり、労組法は、団体交渉の助成を目的としますので（団体交渉中心主義⇒Key word④）、厳密な意味での労働契約上の使用者でなくとも、その者と交渉することが労働条件等の向上の観点から有意義である場合には、労組法上は「使用者」であると認めて団体交渉の場を保障することが法の目的に適います。とはいえ、ひとたび労組法上の「使用者」と認められれば、その者は法によって団体交渉への応諾が強制され、重い法的責任を負うこととなるため、安易に「使用者」性を認めるのも均衡を欠きます。また、団体交渉は、あくまで労働条件について協議する場である以上、労働契約関係そのものでなくとも、それに近似ないし隣接した関係がある場合にのみ「使用者」性を肯定すべきです。

このような利益衡量を経て、朝日放送事件最高裁判決は、どのような場合に「労働契約関係に近似ないし隣接した関係を基盤とするものといえるか」という観点から、「労働者の基本的な労働条件等について雇用主と部分的とはいえ同視できる程度に現実的かつ具体的に支配・決定することができる地位にある場合」という要件を導き出したものといえます。なお、「使用者」性の有無は、組合から申入れのあった具体的な団交事項ごとに（これが、朝日放送事件最高裁判決のいう「部分的とはいえ」の趣旨です）、個別具体的に考えるという点も重要です。同一の当事者間であっても、団交事項によって、「使用者」性が肯定される場合と否定される場合があります。

3 実務上の対応のポイント

1　労働契約関係が終了した後の「使用者」性

　では、いったん労働契約関係に入ったものの、それがすでに消滅し、現時点では雇用主ではないという場合の「使用者」性は、どのように考えるべきでしょうか。
　労働契約関係終了後に団体交渉の申入れを受けるケースには、おおむね以下のようなパターンがあります。
① 　雇用主が労働者に解雇や雇止めの予告をしたところ、その労働者が加入した組合から解雇や雇止めの撤回、または、退職条件に関する団体交渉の申入れを受け、それが解決しないまま解雇日や雇止め日を迎えた場合のように、労働契約関係がいまだ存在した時点から雇用主と組合との間で団体交渉が継続しているケース。
② 　解雇または雇止めされた労働者が、解雇または雇止めによる退職後に加入した組合より、その撤回等に関する団体交渉の申入れを受けるケース。
③ 　労使双方が合意のうえで退職（労働契約の解消）に至ったものの、退職後の手続について組合から団体交渉の申入れを受けるケース。
④ 　労働者が退職した後相当の長期間が経過した後に、在職時の労働条件等に関する問題について組合から団体交渉の申入れを受けるケース。
　このうち、まず、①のケースでは、雇用主は、まさに労働契約関係にきわめて隣接する関係を基盤とする使用者だといえますから、労組法上の「使用者」性が肯定されます。

また、②のケースであっても、組合（労働者）側は労働者に対する解雇や雇止めの効力そのものを争い、いまだ労働契約関係が存続していると主張するのですから、従前の雇用主には①と同様、労組法上の「使用者」性が肯定されます。たとえば、後掲伏見織物加工（パートタイム職員）事件の京都府労委命令は、次のように述べています。

> 　退職した労働者であっても、過去の使用者との間で従業員としての地位を争っていたり、又は、従業員としての地位そのものは争っていなくても、退職金や未払賃金等労働関係の清算をめぐる争いが継続している場合に、労働組合に加入して助力を求め、労働組合が使用者に団体交渉による解決を求めたときは、社会通念上合理的な期間内に労働組合に加入し、かつ、合理的な期間内に団体交渉の申入れがなされる限り、いわゆる駆込み訴えとして、その限りにおいて労組法第7条第2号の「雇用する労働者」に含まれると解される。

　この命令のいう「社会通念上合理的な期間」は、事案によりますので具体的な数値で一般化することはできませんが、裁判所や労働委員会は、労働三権の保障を貫徹するべく、なるべく組合（労働者）側を救済する方向で考えるのが通例ですから、安易に短くとらえすぎないよう注意すべきです。
　③のケース（冒頭の事例はこれに含まれます）は、退職の効力そのものが争われているのではなく、離職書類の記載といった退職後の手続に関する争いではありますが、雇用主が労働者に対して退職書類を交付することは、労働契約に関して発生する当然の義務であり、労働関係の清算をめぐる争いが継続するものといえますから、②と同様、「使用者」性が肯定されます。
　これに対し、④のケースのように、退職に関する事項が交渉されることなく相当の長期間が経過してしまったような場合には、原則として、労組法上の「使用者」性は否定される（従前の雇用主にとってその組合員は「使用者が雇用する」労働者ではなくなる）と考えてよいでしょう。ただし、団体交渉の申入れ自体が解雇等から相当期間経過した後になされたとしても、解雇後団体交渉申入れまでの間に裁判上の請求をしており、組合（労働者）側が解雇の効力を漫然と放置していたものとはいえない場合には、なお労組法上の「使用者」性は否定されず、団体交渉に応ずべきとした裁判例がありますから、注意が必要です（後掲日本鋼管鶴見造船所事件参照）。

2　労働契約関係が開始する前の「使用者」性

　以上とは逆に、労働契約関係が開始する前の「使用者」性が問題となる場合もあります。たとえば、

⑤　繁忙期の季節労働者として過去何度か雇用されてきた労働者の、新たな労働契約における労働条件等について、当該労働者の加入した組合から団体交渉の申入れを受けるケース。

⑥　会社合併に至る過程において、合併後は存続会社に労働契約関係が承継されることとなる消滅会社の労働者の合併後の労働条件等について、組合から団体交渉の申入れを受けるケース。

⑦　派遣労働者が近い将来派遣先に直接雇用されることが予定されている場合に、直接雇用後の労働条件等について、派遣労働者の加入した組合から派遣先が団体交渉の申入れを受けるケース。

などが考えられます。

　このうち、まず、⑤については、いまだ新たな労働契約が締結される前の段階であったとしても、これまでの季節的な雇用の反復更新により、近い将来再び雇用されることが確実であるような場合には、原則として労組法上の「使用者」性が肯定されると考えられます（後掲土佐清水鰹節水産加工協同組合事件参照）。

　また、⑥についても同様に、近い将来、存続会社との間で労働契約関係が生じることは確実ですから、合併前の段階であっても、労働契約関係に隣接する関係として、労組法上の「使用者」性が肯定されます（なお、企業再編と集団的労使関係について、詳しくは**第24講**参照）。

　⑦についても、直接雇用後の労働条件に関する団交事項については、「使用者」性が肯定されることになるでしょう（派遣先事業主の「使用者」性について、詳しくは**第4講**および同講**4**で紹介した国・中労委（クボタ）事件参照）。

4　裁判例・命令などの紹介

○　伏見織物加工（パートタイム職員）事件（京都府労委命令平成13年9月5日労判814号148頁）
　　→　退職後に労働組合に加入し、退職から約3か月後に団体交渉を申し入れた事案で、団交事項のうち、雇用保険給付の取扱い等については、労働関係の清算に関する事項であり、当該事項に限っては「使用者」性を肯定すべきと

して、団交応諾義務違反を認めた事例。
- 東京都労委（A商店・団交拒否）事件（東京地判平成20年9月18日労判972号90頁）
    - → 労使間で退職の合意が成立した後、離職証明書の離職理由等をめぐる争いが生じ、退職労働者の加入する労働組合が「離職票発行の遅延による精神的・物質的被害に関する件」および「上記に付随する事項」を議題として団体交渉を申し入れたのに対し、離職票の発行に関する事項は、雇用契約が終了した後であっても、義務的団交事項となる余地があるとしつつ、「離職票発行の遅延による精神的・物質的被害に関する件」との議題は、離職票の発行の遅延について損害賠償を求める趣旨と解され、すでに離職票が発行されていることからも、義務的団交事項には該当しないとされた事例。
- 三菱電機鎌倉製作所事件（東京地判昭和63年12月22日労判532号7頁）
    - → 解雇してから約9年後に、解雇問題に関する団体交渉の申入れがなされたが、被解雇者が解雇当時所属していた労働組合との間で労働協約にのっとり解雇について十分協議済みであったこと、以来9年近くを経過していること、裁判所において係争中であることを理由とする団体交渉の拒否が不当労働行為に該当しないとされた事例（ただし、「使用者」性を否定したわけではなく、団交拒否につき労組法7条2号の正当理由があると判示されている）。
- 日本鋼管鶴見造船所事件(最三小判昭和61年7月15日労判484号21頁)
    - → 解雇後4年5か月ないし6年10か月が経過した後の団体交渉申入れであっても、解雇後にその効力を争って裁判所に地位確認訴訟を提起していたものであって、解雇後漫然とこれを放置していたものではなく、かつ、労働組合を結成し、また、加入してからただちに団体交渉申入れをしていることから、団体交渉の拒否が不当労働行為に該当するとした原判決（東京高判昭和57年10月7日労判406号69頁）が維持された事例。
- 兵庫県・兵庫県労委（住友ゴム工業）事件（大阪高判平成21年12月22日労経速2065号3頁）
    - → 退職から約6年ないし16年が経過した元従業員らが労働組合を結成し、在職中の石綿曝露に関する補償等を求めて団体交渉を申し入れた件について、①当該紛争が雇用関係と密接に関連して発生したこと、②使用者において当該紛争を処理することが可能かつ適当であること、③団体交渉の申入れが雇用関係終了後、社会通念上合理的といえる期間内にされたことの3要件があれば元従業員を「使用者が雇用する労働者」と認めるべきであるとして、団交応諾義務を認めた事例。
- 土佐清水鰹節水産加工協同組合事件（高松高判昭和46年5月25日労民集22巻3号536頁）
    - → 常時ないし1年を通じて雇用されていないが、一定の地域において、日々または季節的な雇用が恒常的に繰り返され、将来も雇用されることが確実な場合には、労組法7条2号の「使用者が雇用する労働者」の関係にあたり、使用者は団交応諾義務を負うとした事例。

第6講 義務的団交事項とその範囲

労働組合の掲げる団交事項が会社の経営判断事項であることを理由に団体交渉を拒絶することはできるか？

本講では、使用者が団体交渉に応じる義務（団交応諾義務）を負う団交事項（団体交渉のテーマ）の範囲について検討します。

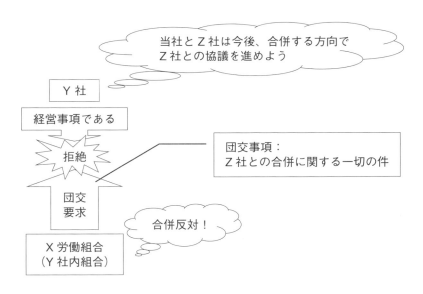

Y社は、自社製品の国内シェア率を向上させ、競争力をよりいっそう強化するべく、Z社との合併に向けて協議を進めていたところ、合併に反対するX労働組合より、「Z社との合併に関する一切の件」を団交事項として、団体交渉の申入れを受けました。

これに対しY社は、「合併に関する一切の件」というのが具体的に何を指すのか不明確であるし、そもそも、Z社と合併するかどうか、また、合併の条件などについては、高度な経営判断を要するものであり、会社の経営権に

属する事柄であることから、団体交渉になじまないと考えています。

そのため、Y社は、この申入れを拒絶しようと考えていますが、拒絶した場合、それが不当労働行為（労組法7条2号）に該当する可能性はないでしょうか。合併という団交事項が会社の経営権に属する事柄であることは、団体交渉を拒絶する「正当な理由」（同号）にあたるでしょうか。

1 背 景

労組法上、団交事項の範囲やその制限に関する規定は一切ありません。そのため、労働組合が使用者に団体交渉を申し入れることのできない事項はなく、社内組合であるか社外組合であるかを問わず（複数組合交渉代表制⇒Keyword⑤）、労働組合であれば、ありとあらゆる事項について使用者に対し団体交渉を申し入れることができます。そして、どのような内容であっても、使用者がそれに応じる限り、団体交渉の議題となります。

他方、使用者に関しては、労組法上の明文規定はないものの、解釈上、必ず団体交渉に応じなければならないとされている事項があるとされており、その範囲が労働委員会の命令や判例の集積によって明らかにされてきました。交渉の議題は、基本的には労使間で自主的に決定すべきものですが、完全な自主性に委ねてしまうと、かえって使用者に裁量を与え、労働組合の団体交渉の機会が不当に奪われてしまう危険性があることから、使用者の意向にかかわらず、使用者が必ず団体交渉に応じなければならないとされている事項、すなわち、使用者が団体交渉に応じなければ、不当労働行為（労組法7条2号）が成立し、労働委員会の救済命令によって団体交渉が義務づけられる事項があると解釈されており、そのような事項を「義務的団交事項」と呼びます。

使用者は、あらゆる事項について労働組合から団体交渉の申入れを受ける可能性がありますから、申入れがあった事項について、それが義務的団交事項に該当するのか否かを適切に判断できるようにしておくことが重要です。特に、以下に述べるように、義務的団交事項はかなり広い概念ですから、その範囲を見誤り、義務的団交事項には含まれないと安易に思い込んでしまうことによって無用な紛争を生み出さないよう注意する必要があります。

2　義務的団交事項の内容とその範囲

　義務的団交事項は、解釈上、
① 　組合員である労働者の労働条件その他の待遇　または　当該団体的労使関係の運営に関する事項であって
② 　使用者に処分可能なもの
と定義づけられています。具体的には、次のとおりです。

組合員である労働者の労働条件その他の待遇に関する事項
　一切の賃金（基本給、一時金、各種手当、退職金、企業年金等）、労働時間（労働時間の設定、休憩、時間外労働等）、安全性（安全衛生の管理体制、具体的事象への対応等）、補償（労災補償等）、教育訓練、福利厚生、職場環境、人事考課（人事考課基準・人事考課手続の設定、人事考課結果等）、懲戒（懲戒事由・懲戒手続の設定、具体的な懲戒処分の効力等）、解雇（解雇事由・解雇手続の設定、具体的な解雇処分の効力等）、雇止め等

当該団体的労使関係の運営に関する事項
　ユニオン・ショップ、チェック・オフその他組合活動に関する便宜供与やそのルール、団体交渉の手続やルール、労使協議手続、労働協約の締結手続、争議行為に関する手続やルール、組合員の範囲等

　このように具体例を列挙すると、いかに多くの事項が義務的団交事項に含まれるかがわかるでしょう。
　以下、「義務的団交事項」との関係性が実務上問題となる典型的なケースを整理します。

①経営判断事項も「義務的団交事項」に含まれるのか？

　　　　　　　　　　　例：会社組織の変更、事業場の移転、生産方法の変更

　冒頭の事例のように、労働組合から団体交渉の申入れのあった事項について、使用者側が「それは経営判断事項だ」「それは会社の専権に属する事項だ」などというように、団体交渉に応じる必要のない事項だと考え、申入れ

を拒絶しようとする場合が少なくありません。

　しかし、上記のとおり、労組法上、労働組合が使用者に対して団体交渉を申し入れることができない事項、または、団体交渉の申入れがあっても使用者が団体交渉に応じなくてもよい事項というものは一切定められていませんので、使用者の経営判断に馴染む事項であっても、そのことからただちに、義務的団交事項から除外されるわけではないのです。

　団体交渉に応じる必要がある事項かどうかは、あくまで義務的団交事項の定義（前頁①②）に含まれるかどうかによって判断します。一見、経営判断にかかわる事項であったとしても、それが労働者の労働条件その他の待遇や団体的労使関係の運営に部分的であれ関連するのであれば、その限りにおいて、義務的団交事項に含まれることになります。

　たとえば、冒頭の事例で、Ｘ労働組合は「合併に関する一切の件」としか述べていませんが、これが合併に伴う組合員の労働条件の変動に関して団体交渉を望んでいるという趣旨であれば、使用者はその団体交渉に応じなければなりません。これに対し、たとえば、Ｙ社・Ｚ社間の合併対価の条件に関してＸ労働組合が団体交渉を望んでいるのであれば、それについては、まさに経営の専権事項であって、組合員の労働条件や組合活動に影響を及ぼすことは通常考えられませんので、義務的団交事項に含まれず、よってＹ社は団体交渉の申入れを拒絶することができます。

②労働条件に関する団交事項であっても、それが非組合員に関するものであれば、「義務的団交事項」から除外されるか？

例：会社がこれから採用する者の労働条件設定

　上記の義務的団交事項の定義は、「組合員である労働者の労働条件……」となっていますから、団体交渉を申し入れた労働組合に加入している組合員以外の者の労働条件に関しては、当該組合と協議をしても意味がありませんので、義務的団交事項にはあたらないことになりそうです。

　しかしながら、非組合員に関する労働条件であっても、それが当該組合の組合員の労働条件や待遇に影響を及ぼす可能性が大きく（影響可能性）、組合員の労働条件・待遇とのかかわりが強い場合（強い関連性）には、義務的団交事項に含まれるとされていますので、注意が必要です（後掲国・中労委（根

岸病院・初任給引下げ団交拒否）事件参照）。

③「労働条件その他の待遇」に関する事項であっても、ある特定の組合員の個人的な問題であり、集団的な解決になじまないものであれば、「義務的団交事項」から除外されるか？

例：ある組合員の解雇、懲戒処分、配転、人事考課等の撤回要求

　労組法は、労働者に団結権を保障し、集団の力によって使用者との対等な立場を獲得させることを促進するものですから（労組法1条1項参照）、このような労組法の目的に照らすと、団体交渉は、組合員の全体にかかわる集団的なテーマについてなされるのが本来の姿であるといえます。
　しかし、近時では、個人加入型組合の活動の活発化などにより、ある労働組合の組合員が全社員の中でたった1人しかいなかったり、駆込み訴えによって本来は個人的労使紛争に属するべき問題が集団的労使紛争の体をなしたりすることが増え、必ずしも集団的な解決になじまない事項について団体交渉が申し入れられるケースが増えてきました（⇒Key word⑥）。
　そして、労働委員会の命令や裁判例では、個人的な問題であったとしても、それだけを理由として義務的団交事項から除外されることはないものと考えられています。そもそも団体交渉は、労使の協議の場として有用なものであり、団体交渉の機会を広く保障するのが労組法の目的ですから、労働組合側が「団体交渉」というかたちで紛争を解決しようとすることをあえて妨げる必要はないであろう、という考え方によるものといえます。
　ただし、社内組合との間の労働協約において、組合員の個人的な問題に関しては、団体交渉とは別の苦情処理手続において解決するものと定められており、かつ、それが十分に機能している場合などには、苦情処理手続によって解決することを理由に使用者が団体交渉の申入れを拒絶することには「正当な理由」（労組法7条2号）があると考えられます。

④「労働基準法を改正して労働者の保護をよりいっそう強化すること」を求める団体交渉は、組合員の労働条件その他の待遇に関するものであったとしても拒絶できるか?

　法制度の改正を求めるような団交事項は、組合員の労働条件その他の待遇に関連するとはいえるものの、「使用者に処分可能なもの」ではありませんので、団体交渉の申入れを拒絶することができます。
　このほか、政治的な要求を掲げる団交事項も、同様に拒絶することができます。

⑤団交事項の内容が義務的団交事項の定義には該当するものの、すでに労働協約において定められている事項について再度団体交渉の申入れがあった場合、拒絶することはできるか?

　団交事項が義務的団交事項の定義に含まれるものであったとしても、すでに団体交渉を経た結果、そこにおける労使の合意内容が労働協約に盛り込まれている場合には、当該労働協約締結後に合意内容を覆すべき明らかな状況の変化が生じていない限り、当該労働協約の有効期間中、使用者は団交応諾義務を負わないものと考えられています。同一の事項について重ねて団体交渉を行う必要性が乏しいからです。
　もっとも、すでに労働協約に規定されている内容を前提とし、その解釈上の疑義に関して団体交渉の申入れがあった場合には、使用者は原則としてこれに応じなければなりません。

3　実務上の対応のポイント

　義務的団交事項の範囲が実務上問題になるのは、一般的には、社内組合からの申入れである場合が多いと思います。社外組合(個人加入型組合)の場合は、通常、解雇・配転等の労働条件に関する具体的な出来事が生じたことが

きっかけとなって労働者が組合に加入し、そしてその出来事に関して団体交渉が申し入れられることが多いため、団交事項が当該組合員の「労働条件その他の待遇」に該当することは明らかであり、義務的団交事項に含まれるか否かの判断に迷うことは少ないでしょう。

2 で整理したように、義務的団交事項の範囲はかなり広いものと考えられています。組合員と会社、もしくは労働組合と会社間に生じる問題については、およそそのすべてが義務的団交事項に含まれうるといっても過言ではありません。ですから、義務的団交事項に含まれないことを理由に団体交渉を拒絶できる場面はかなり限定されることを心得たうえで、申入れがあった団交事項について、それがどのようなかたちで「組合員である労働者の労働条件その他の待遇」または「当該団体的労使関係の運営」に関連するのかを適切に見極めることが重要です。そして、多少なりともそれらに関連するものといえる場合には、団体交渉に応じる方向で検討すべきでしょう。

また、冒頭の事例のように、「合併に関する一切の件」というような抽象的な団交事項が掲げられた場合であっても、それが経営の専権事項に属するものと拙速に判断することなく、労働組合はなぜその団体交渉を申し入れてきたのか、労働組合が協議したいと考えている具体的事項は何であるかを、必要に応じて労働組合に確認するなどして、義務的団交事項該当性を慎重に判断することが紛争予防の観点から重要です。

4 裁判例・命令などの紹介

○ 日本プロフェッショナル野球組織（団体交渉等仮処分抗告）事件（選手会抗告：東京高決平成16年9月8日労判879号90頁）
　→ プロ野球の選手会が「(1)バファローズとオリックス間の営業譲渡及び参加資格の統合に関する件（選手の解雇、転籍を不可避的に伴う営業譲渡及び参加資格の統合を回避すること等を含む）」「(2)前項の営業譲渡及び参加資格の統合に伴う組合員の労働条件に関する件」を内容として団体交渉を申し入れた事例。
　　裁判所は、(2)については当然に義務的団交事項に該当するものとし、(1)についても、表現が抽象的で(2)との関係も不明瞭であるが、(2)とは別個に組合員の労働条件を左右する部分があると認められるとして、(1)のうち組合員の労働条件にかかる部分は義務的団交事項に該当すると判断した。本講冒頭の事例作成において参考にした事案である。

○ 国・中労委（根岸病院・初任給引下げ団交拒否）事件（東京高判平成19年7月31日労判946号58頁）
　→　会社が今後新規に採用する職員について初任給を従前より大幅に引き下げる決定をしたことに反発した社内組合が団体交渉を申し入れた事案において、労働者の間で入職の時期の先後によって賃金ベースが異なり大幅な賃金格差があることは有形無形の影響を及ぼすおそれがあり、労働者相互間に不満や軋轢が生じて将来的に労働組合の団結力を減殺しかねないと分析し、新入職員の多くが現に当該労働組合に加入していたことも踏まえて、義務的団交事項に該当すると判断した（**2**の②のベースになっている事案である）。
○ 中労委（エスエムシー）事件（東京地判平成8年3月28日労判694号43頁）
　→　社内組合が「第二工場移転に関する件」を団交事項として団体交渉を申し入れた事案において、それが工場移転に伴う従業員の異動時期、異動対象者および異動に伴う労働条件等についての事項を指すものであることは当然に予測できるとして、団交拒絶の正当性を否定した事例。

第7講 誠実交渉義務
団体交渉は、ただ交渉のテーブルにつき労働組合側の主張を聴くだけでよいのか？

　労組法7条2号は、使用者が労働組合と「団体交渉をすることを正当な理由がなくて拒むこと」を不当労働行為として禁止しています。ここから、使用者の団交応諾義務が導かれ、第6講までは、団体交渉の申入れを拒否すること（窓口拒否）の問題点を中心に議論してきました。
　では、使用者は、交渉のテーブルにつきさえすればよいのでしょうか。労組法7条2号の文言を文字どおり読めば一見そのようにも考えられます。本講では、団交応諾義務の中身をより掘り下げて検討します。

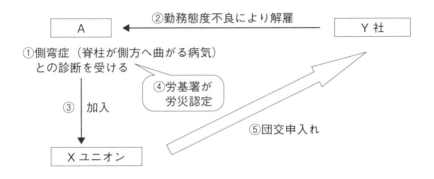

　Aさんは、革製品の製造販売を営むY社で勤務し始めましたが、その後、だんだん体調が悪化していったため、受診したところ、側弯症との診断を受けました。それからしばらくして、Aさんは、勤務態度（出勤状況）不良を理由にY社から解雇されました。
　Aさんは、その後も側弯症の治療を受け続けており、解雇から1年以上が経ったある日、Y社での仕事により体調を崩して働けない状態になったのに解雇され、Y社に対して何の主張もできないのは納得がいかないと考えるようになり、個人加入型組合であるXユニオンに加入しました。同時に、側弯

症の罹患は業務に起因するものとして、労働基準監督署に対し労災保険の療養補償給付の申請（いわゆる労災申請）も行いました。Y社は、Aさんが2年近く前の話をいまさら労災申請したことに不快感を覚えて、申請時の事業主証明を拒絶しましたが、労働基準監督署は、Aさんが従事していた業務内容を調査するとともに、Aさんが受診していた病院が「勤務中、合成皮革のロールを引き抜き、所定の場所まで担いで運搬していたことが発症の原因である」との診断をしていたことなどをふまえ、最終的に、Y社での就労による後発的な疾病が発症したものとして労災認定を行いました。

　これを受けて、Xユニオンは、Y社に対し以下の事項を団交事項として、団体交渉の申入れを行いました。

団　交　要　求　事　項

(1) Y社は、Y社の業務によって脊椎症に被災したAさんに対し必要な労災保険上の手続をとらず解雇したことを、Aさんに謝罪するとともに、Aさんの解雇を撤回すること。
(2) Y社は、Aさんを解雇した日以降の未払賃金を支払うこと。
(3) Y社は、労災被災と解雇に伴う精神的肉体的苦痛に対し、Aさんに慰謝料を支払うこと。
(4) Y社は、労災保険給付が打ち切られた日以降の針灸治療費のAさん負担分を支払うこと。
(5) Y社は、労災保険の休業補償の手続をただちに行うこと。
(6) Y社は、労基法、労災保険法等の労働法を遵守し、職場改善を行うこと。

　Y社は、即日、団体交渉に応じるとともに、以後、毎月1回、計4回にわたってXユニオンと団体交渉を行いましたが、Y社は一貫して、Aさんの解雇はAさんの勤務態度に問題があったことによるものであり、Aさんの疾病に業務起因性は認められないと主張しました。とりわけ、第2回団体交渉では、Y社は、Aさんの出勤状況が非常に悪かったことを示すグラフを用意してXユニオンに説明しました。これに対してXユニオンは、Y社では従業員全体の厳格な労働時間管理がなされていなかった旨を指摘し、他の従業員の出勤状況等がわかる資料の開示を要求しましたが、Y社は拒絶しました。

　さらに、第3回団体交渉後、Y社はXユニオンに対して、以下の内容の回

答書を送付しました。

回　　答　　書

- 解雇当時、AさんからY社に対し、業務によって被災したという申出はまったくなかったため、労災保険上の手続をしなかったのであり、Aさんの勤務状況については勤務開始当初から良好ではなく（勤務状況の推移から判断して疾病の影響を受けた様子もない）、再三の注意によっても改まらなかったので解雇した。
- 解雇には正当な理由があり、賃金を支払う義務はない。
- 解雇および労災問題について、Y社としては有責事由がないので、慰謝料を支払うべき義務はない。
- 労災申請にかかる疾病に業務起因性があるとは認められず、針灸治療費を支払うべき義務はなく、また、労災保険上の手続をとる義務もない。

その後の第4回団体交渉において、XユニオンはこのY回答書をふまえて、当初の要求項目すべてについてY社に改めて対応を求めたところ、団体交渉に同席していたY社代理人弁護士は、「もう1度Y社に対して話をしてみる。」と述べましたが、その後も間もなく、「双方の見解の違いが明確でこれ以上の進展が期待できないため、さらに団体交渉を重ねる理由は認められないから、これ以上の団体交渉の申入れには応じられない」旨を書面で回答しました。

また、その書面の中には、

> 他の従業員の出勤状況については、X組合とY社の見解は基本的には大きく食い違っているので、現状のままでは解決の手がかりを見出すことも困難であり、強いて解決の方向を考えると司法的判断を仰ぐほかなく、Xユニオンが提出を求める資料等はその際に明らかにする

というくだりもありました。

このようなY社の対応に問題はないでしょうか。

1　背　景

　冒頭の事例は、中労委（株式会社シムラ）事件（東京地判平成9年3月27日労判720号85頁。**第8講**でも一部紹介）を参考にしたものです。労働組合と会社とのやりとりの臨場感をお伝えするべく、やや長めに紹介しました。

　使用者の団交応諾義務を定める労組法7条2号は、労使間の円滑な団体交渉関係の樹立を目的として規定されたものですから、使用者は、ただ交渉のテーブルにつくだけでなく、それに誠実に対応することも求められるはずです。他方で、労組法は、使用者に対して労働組合側の主張を受け入れることまで求めるものではありませんから、使用者が、あくまでも譲歩せず、強い態度で交渉に臨むこと自体は、労組法上何ら問題がありません。

　使用者と労働組合との意見が鋭く対立しているような場合、使用者はどのような態度で団体交渉に臨むべきであるのか、その場合の注意点を、冒頭の事例を参考にして汲み取っていただきたいと思います。

2　団交応諾義務と誠実交渉義務

　労組法7条2号は、憲法による団体交渉権の保障をより実効的なものとするために、「団体交渉をすることを正当な理由がなくて拒むこと」が不当労働行為であることを明らかにしています。

　そもそも団体交渉権の保障は、労使間の交渉力格差を是正するためのものですから（⇒Key word③）、使用者をただ交渉のテーブルにつかせるだけでなく、交渉に誠実に対応することまで義務づけなければ、交渉力の格差はなお是正されませんし、団体交渉権の保障自体が骨抜きになってしまいかねません。

　このような考え方に基づき、労組法7条2号による団交応諾義務は、誠実団交応諾義務を意味し、交渉のテーブルにつき、かつ、それに誠実に対応することを当然に含むものであると解されています。

　ここにいう「誠実」とは、単に使用者の内心を意味するものではありません。交渉が中身のあるものになるように、組合側の要求を真摯に検討し、要求に応じられない場合であってもその理由について説明を尽くす、というような具体的な行動を伴うものです。

　誠実交渉義務の具体的内容について、後掲カール・ツァイス事件判決は、

次のように述べています（なお、後掲中労委（日本アイ・ビー・エム）事件の判示内容も参照）。

> 労組法7条2号は、使用者が団体交渉をすることを正当な理由がなくて拒むことを不当労働行為として禁止しているが、**使用者が労働者の団体交渉権を尊重して誠意をもって団体交渉に当たったとは認められないような場合も右規定により団体交渉の拒否として不当労働行為となる**と解するのが相当である。このように、使用者には、誠実に団体交渉にあたる義務があり、したがって、使用者は、自己の主張を相手方が理解し、納得することを目指して、誠意をもって団体交渉に当たらなければならず、**労働組合の要求や主張に対する回答や自己の主張の根拠を具体的に説明したり、必要な資料を提示するなどし**、また、結局において労働組合の要求に対し譲歩することができないとしても、その論拠を示して反論するなどの努力をすべき義務があるのであって、合意を求める労働組合の努力に対しては、右のような**誠実な対応を通じて合意達成の可能性を模索する義務がある**ものと解すべきである。

使用者が、労働組合からの申入れに応じて現に団体交渉に応じていたとしても、その交渉姿勢が不誠実である場合には、労働組合から労組法7条2号違反の主張がなされ、労働委員会に対して団交促進のあっせんが申し立てられたり、不当労働行為救済の申立てがなされたりすることがありますので、注意が必要です。

3 実務上の対応のポイント

では、冒頭の事例の題材とした中労委（株式会社シムラ）事件では、Y社が誠実交渉義務に違反したかどうかにつき、裁判所はどのような判断をしたでしょうか。

- Y社は、第2回団体交渉の際に、Aの出勤状況をグラフを用いて説明してはいるものの、Xユニオンから他の従業員の出勤状況等に関する資料の提出を要求されていたのに、これに応じなかった。
- Y社代理人弁護士は、第4回団体交渉の際、損害賠償・慰謝料等に関するXユニオンの要請について、もう一度Y社に話をしてみると述べていたのに、Y社は、その後、文書で、従前の主張どおりXユニオンの主張には応じられないと回答しただけで、検討結果の具体的な説明を行っていない。

これらの点を指摘して、裁判所は、「組合の主張への回答及び資料の提示の点において、いまだ、誠実な対応を尽くしたとはいえず」Y社の主張は認められない、と結論づけました。そして、大阪府労委は、Y社に対して、以下の命令を発出し、中労委はこれを相当と判断していたところ、裁判所も、この命令を変更する必要はないと判断しました。

> (1) 被申立人（Y社）は、申立人（Xユニオン）から平成2年1月23日付で申入れのあった組合員Aに対する解雇及び労災責任に関する団体交渉に誠意をもって速やかに応じなければならない。
> (2) 被申立人は、申立人に対し、下記の文書を速やかに手交しなければならない。
> 　　　　　　　　　　　　　　記
> 　　　　　　　　　　　　　　　　　　　　　　　　　○年○月○日
> Xユニオン委員長△△殿
> 　　　　　　　　　　　　　　　　　　　株式会社シムラ代表取締役□□
> 　当社が、貴組合から平成2年1月23日付で申入れのあった貴組合員A氏に対する解雇及び労災責任に関する団体交渉に応じなかったことは、大阪府地方労働委員会において労組法7条2号に該当する不当労働行為であると認められましたので、今後このような行為を繰り返さないようにいたします。

　この事件では、裁判所も言及しているように、Y社が当初から不誠実性を露わにして交渉に応じていたわけではなく、むしろ、Xユニオンの理解を仰ぐための一定の努力をしていたという評価ができると思います。また、団体交渉を1か月おきに4回も重ねており、それでもなお両者の主張が根本的に食い違っていたことから、Y社がこれ以上交渉の余地はないと判断したことも、ある程度は理解できます。ただ、後から振り返ってみれば、交渉を打ち切るという判断を少し早まったという印象があります。また、最終回答を文書で行ったという点にも問題があったと思います。同一の主張をするにしても、一方的に文書を送りつけるのと、団体交渉の場で組合側に対し直接口頭で説明するというのとでは、誠実交渉義務の観点からは大きな違いがあります。

　交渉が行き詰まりに達した場合、使用者が交渉を拒絶することには正当性が認められますが（詳しくは**第8講**で説明します）、どの時点をもって行き詰まりに達したものと判断するかは、実務上大変悩ましく難しい問題です。しかし、冒頭の事例についていえば、第4回に至るまでの団体交渉の過程で、

解雇の有効性や側弯性の業務起因性について、全体的にY社は、結論を述べるだけなく、もう少し具体的な根拠を示してXユニオンを説得しようとする姿勢を示す余地があったように見受けられ、この「余地」が労働委員会や裁判所において、誠実交渉義務違反という評価を招くことになったものと思われます。このことから、使用者としては、誠実に交渉に応じることに加え、さらに、誠実に交渉に応じたという痕跡を残しておくことの重要性も自ずと導かれると思います（団交の議事録、団交で示す資料の作成とその保管等。団交議事録の作成については第8講を参照）。

4 裁判例・命令などの紹介

○　カール・ツァイス事件（東京地判平成元年9月22日労判548号64頁）
　→　使用者の負う誠実交渉義務の内容を明らかにしたうえで（上記2）、組合事務所や掲示板の設置に関しては、全国的には会社が便宜供与をするところは減少している、便宜供与をする考えはないとの見解に終始し、配置転換の必要性に関しては、単に企業の活性化のためであるとか、個人の能力等個人的な理由があり、団体交渉の場ではいえないと説明するのみで、組合の要求について真摯に検討せず、具体的な説明をしなかった点において、誠実交渉義務違反ありと判断した事例。

○　普連土学園事件（東京地判平成7年3月2日労判676号47頁）
　→　組合が求めた人事資料の開示を拒否する理由として、ただ「人事資料の機密に属する」、「組合員の労働条件とは関係がない」などと回答するのみで、それ以上の説明をしないという使用者の態度が誠実交渉義務違反に該当するとした事例。

○　中労委（日本アイ・ビー・エム）事件（東京地判平成14年2月27日労判830号66頁）
　→　「使用者が誠実に団体交渉にあたったかどうか（誠実交渉義務を果たしたかどうか）は、他方当事者である労働組合の合意を求める努力の有無・程度、要求の具体性や追求の程度、これに応じた使用者側の回答又は反論の提示の有無・程度、その回答又は反論の具体的根拠についての説明の有無・程度、必要な資料の提示の有無・程度等を考慮して、使用者において労働組合との合意達成の可能性を模索したといえるかどうかにより決せられるものというべきであり、使用者の負う誠実交渉義務の具体的内容も、これらの具体的事情により定まるというべきである。」、「たとえば、団体交渉事項である賃金制度について、使用者は労働組合に対し、常に制度の公開あるいはこれに関連する資料の提示をしなければならないものではなく、労働組合が賃金その他の労働条件に関する具体的な要求をすることなく、合意を求める努力もしない

まま、単に賃金制度に関する資料の提示を求めているような場合には、資料を提示せず、その提示できない合理的理由を述べれば誠実交渉義務違反とまではいえないし（使用者に資料提示義務がない）、逆に労働組合が相当具体的な要求をし、それに関連して賃金制度に関する資料の提示が賃金交渉において不可欠である場合には、資料を提示しなければ誠実交渉義務違反となる（使用者に資料提示義務がある）こともある。」としたうえで、組合の要求の具体性等を考慮すると、本件では会社が組合の資料開示要求に応じなかったこと自体は不誠実とはいえないが、要求に応じられない理由を具体的に説明する義務を誠実に尽くしているとはいえないから、その限りで会社には誠実交渉義務違反の不当労働行為が認められるとした事例。

第8講 団体交渉の打切りの正当性
労働組合が申入れを続ける限り、使用者は団体交渉に応じなければならないのか？

　本講では、第7講（誠実交渉義務）の理解を前提としつつ、使用者はどのような場合に団体交渉を打ち切ることができるのか、団交応諾義務の内容について、さらに深く検討します。

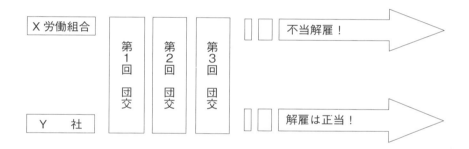

　Y社は、勤務態度がきわめて反抗的なA社員を普通解雇したところ、A社員が加入するX労働組合より、A社員の解雇問題について団体交渉の申入れを受けました。1回、2回と団体交渉を重ね、3回目の団体交渉では、Y社がA社員の解雇理由について具体的事実をもって詳細に説明したところ、4回目以降はその事実の評価についてさらに双方の見解が対立することになりました。結局、X労働組合との間で、半年のうちに5回の団体交渉を重ねましたが、あくまで解雇不当を訴えるX労働組合の主張と解雇が正当であるとするY社の主張とは完全に対立しています。

　Y社としては、解雇に踏み切った事実関係については疑いがなく、また、職場内でのA社員への信頼ももはや完全に失墜しており、解雇を撤回してA社員を復職させることは到底受け入れられないと考えています。そのため、これ以上、X労働組合との間で団体交渉を重ねることは不毛であり、次回、

第8講　団体交渉の打切りの正当性　63

団体交渉の申入れがあった場合には、議論が平行線になっており、もはや互いに譲歩の余地がなくなっていることを理由として拒絶したいと考えていますが、拒絶した場合、それが不当労働行為（労組法7条2号）に該当する可能性はないでしょうか。

1 背 景

　使用者は、団体交渉を正当な理由なく拒絶してはいけません。また、単にかたちだけ団体交渉に応じることも許されず、きちんと交渉のテーブルにつき、議論が有意義なものになるよう、必要に応じて状況を説明したり、組合側の求める資料を提示したりして、誠実に対応しなければなりません（誠実交渉義務。詳しくは**第7講**参照）。正当な理由なき団体交渉拒否も、団体交渉における不誠実な対応も、いずれも不当労働行為（労組法7条2号）として禁止されています。

　かつては、交渉が行き詰まれば、労働組合が自ら決裂を宣言し、ストライキを実施して交渉の進展を図ることも行われ、そのような時代であれば、むしろ使用者の方がストライキを回避するために交渉の継続を望んでいたかもしれません。しかし、近時、個人加入型組合が急増し、当該労働組合の組合員が会社に1名しかいないということも少なくなく、ストライキに実効性がないことから、そのような労働組合としては、とにかく団体交渉を続けて、使用者に要求を突きつけ続けるしかないという状況に陥りがちです（⇒Keyword⑥）。そのため、近時は、交渉が平行線となった場合に組合の側が積極的に交渉を打ち切るという対応に出ることは少なく、使用者としてもそれを期待すべきではありません。特に個人加入型組合の場合には、交渉が行き詰まった際には、労働委員会に対して団交促進のあっせんを申し立てるか、または、（内心では交渉の行き詰まりを感じつつも）とりあえず団体交渉の申入れを繰り返し、使用者がそれを拒絶したタイミングでただちに労働委員会に救済の申立てをすることで、いわば交渉の場を労働委員会に移して、その審理手続の中で妥結（和解）を試みる、という対応をとるのが一般的です。

　以上の現状をふまえると、使用者側が団体交渉を打ち切った場合には、ほぼ確実に労働委員会への申立てを受けるものと想定することができますから、労働委員会の場で正しく主張立証できるように、どのような場合に団体交渉の打切りに正当性が認められるかを理解しておくことはとても重要です。

2 妥結義務のないことと交渉打切りの正当性

　冒頭の事例のように、使用者が誠実に対応し、何度も団体交渉を繰り返しても、労使双方の言い分は平行線で、なお妥結に至らない場合もあります。そのような場合、最終的に労働組合の要求を受け入れるのでなければ、使用者はいつまでも団体交渉を終了させることができないのかというと、それは否、です。法は、使用者に対し、「団体交渉に誠実に応じること」を求めているにとどまり、組合側の要求を受け入れることまでは求めていません。このことについて、後掲中労委（株式会社シムラ）事件判決（なお、当該事件の事案について、詳しくは第7講参照）では、以下のように明確に述べられています。

> 　もとより、**使用者は合意そのものを強制されるわけではないから**、あくまでも譲歩せずに強い態度で交渉を行うことも可能であり、**使用者は誠実交渉義務を尽くす限り、自らが適当と考える主張にあくまで固執することができる**。しかしながら、自己の主張に固執する以上、ここにいう誠実交渉義務を尽くしたというためには、使用者において、組合の要求・主張に対しては真摯に耳を傾けるとともに、自らが固執せざるをえない理由を明らかにしたうえで、関連資料を提出するなどして固執する理由を十分に説明し、かつ、相手方の説得に努めることが必要である。

　つまり、誠実に団体交渉を重ねた結果、双方の言い分が平行線になってしまい、これ以上団体交渉を続けても意味がない状態になれば、それは、それ以上の団体交渉を拒否する「正当な理由」（労組法7条2号）となり、使用者が不当労働行為責任を問われることはありません（組合が労働委員会に救済を求めても、審理の上で組合の申立てが棄却されます）。この点について後掲中労委（株式会社シムラ）事件判決は、さらに次のように述べています。

> 　労使双方が当該議題についてそれぞれ自己の主張・提案・説明を出し尽くし、これ以上交渉を重ねても進展する見込みがない段階に至った場合には、使用者としては誠実交渉義務を尽くしたといえるのであって、使用者は団体交渉を打ち切っても、「正当な理由がなく拒むこと」（労組法7条2号）にはあたらない。

　交渉が行き詰まりの状態に達しているかどうかは、第1回から最終回に至る団体交渉の流れや団体交渉の内容の全過程を通じて判断されます。単純に、

団体交渉の実施回数や、労使いずれかの言動（たとえば、団体交渉中に労働組合側の交渉員が「これではもう決裂だ！」と述べた等）を形式的にとらえて判断されるわけではありません。

また、双方の言い分が平行線になってしまい、これ以上団体交渉を続けても意味がない状態になっていたということは、使用者側が説明責任を負います。組合が労働委員会に救済を申し立てた場合には、労働委員会の審理の場で使用者側が具体的に主張立証しなければなりません。

3 実務上の対応のポイント

このように、使用者は、妥結する義務まで負うわけではなく、誠実に交渉してもなお、交渉が行き詰まりに達した場合には、さらに団体交渉の申入れがあったとしても、それを拒絶することができますが、大切なのは、どの段階で、もはや交渉が行き詰まりに達したといえるか、そのタイミングを自ら適切に判断できるようにしておくことです。そして、どのタイミングであれ、団体交渉を拒絶すれば、ほぼ確実に労働委員会への救済の申立て等が行われることになりますから、労働委員会の場において、行き詰まりに達していたことを説得的に主張し、かつ、十分な証拠を提出できるよう、団体交渉継続中から準備しておくことが重要です。

団体交渉が行き詰まりに達していたかどうかは、2のとおり団体交渉の全過程を通じて検討されます。ですので、団体交渉の場でどのような議論がなされていたのかを端的に把握することができる

・　団体交渉の録音
・　団体交渉の議事録

が基本的な証拠となります。

団体交渉の録音については、組合側によって行われることも多いと思いますが、それを拒む必要はまったくなく、むしろ、使用者側でも録音しておくことが有益です。そして、この録音は、反訳したうえで、労働委員会の審理において証拠として提出することになります。労働委員会側からも審理の早い段階で、団体交渉の録音や議事録があれば提出するよう両当事者に指示が出ます。

ただ、団体交渉は、長時間に及ぶ場合が多く、また、複数回にわたりますから、いくら録音していたとしても、後からその録音反訳をすべて読み返し、

当時の議論の流れをつかむのは容易ではありません。ですから、録音していた場合であっても、それとは別に、社内用として、団体交渉での議論を要約した議事録・報告書を毎回作成しておき、まずはそれを読めば、だいたいの流れを把握できるようにしておくことが望ましいです。ただし、その議事録・報告書は、後に労働委員会に証拠として提出する可能性があることを当初から想定して作成しておくことが重要です。

団体交渉の議事録・報告書は、通常の会議などの際に作成するものと同じ要領で作成すればかまいませんが、一例を載せますので参考にしてください。

第3回団体交渉議事録（報告書）
作成日：平成26年5月10日
作成者：人事部　甲野　花子

1　実施日時・場所
　　平成26年5月9日午後4時00分頃〜6時10分頃まで
　　X労働組合会議室
2　出席者
　　組合側：執行委員長○○氏、書記長△△氏、組合員A氏
　　会社側：人事部人事課長××、甲野
3　団体交渉の議題
　　A氏の解雇問題（前回と同じ）
4　労使双方の見解
　(1)　組合側
　　　A氏の解雇は、表向きは勤務態度不良を理由としているものの、実際は組合に加入していることを理由になされたものであり、そのような不当解雇は直ちに撤回すべき。A氏としては、原職復帰以外考えられず、退職を受け入れるつもりは一切ない。
　(2)　会社側
　　　A氏の勤務態度が悪く、所属長が繰り返し注意をしていたことについて、所属長とA氏との間のメールのやりとり、他の社員からの調査結果、A氏が過去に提出した反省文などを示して解雇理由を組合に説明し、A氏の言動によって社内秩序が壊されてしまったので、解雇を撤回することはできない旨を説明。
5　次回に向けて
　　○○氏から「今後の対応方針を検討した上で、改めて団交の申入れを行う」との発言があり、それをもって本日の団体交渉が打ち切られた。次回までの会社側の検討課題はない。

> 6　雑感
> 　組合側の主張は1回目、2回目とまったく変わっておらず、今回も、「本当は組合に加入しているから解雇したんだろう」との自説を繰り返していた。それを覆すべく、今回は具体的な資料を提示して解雇理由を説明したが、理解が得られた様子はなかった。今回示したものの他に解雇理由を説明できる資料はなく、今後交渉が進展する見込みは薄い。

　団体交渉がいったん行き詰まりに達すれば、以後、使用者は原則として、団体交渉応諾義務を負いませんが、例外的に、行き詰まりに達した後にある程度時間が経過し、それによって状況が変化したことによって、改めて交渉を行うことが有意義になった場合には、団体交渉応諾義務が復活し、団交拒否の正当性が否定される場合がありますので、念のため注意してください。

　もっとも、団体交渉がいったん行き詰まりに達した後に状況が変化したことについては、再度団体交渉を申し入れた労働組合側が説明し証明する責任を負います。

4　裁判例・命令などの紹介

○　中労委（株式会社シムラ）事件（東京地判平成9年3月27日労判720号85頁）
　→　労働組合が組合員の解雇と労災事故に関する団体交渉を申し入れたため、4回にわたって団体交渉を実施したが、その後の団体交渉について、すでに話し合いは尽くしたとして会社が拒否したため、労働組合が労働委員会に対し救済の申立てを行った事例（事案の内容につき詳しくは**第7講**参照）。
　裁判所は、誠実な対応を尽くしたとはいえないとして、労働委員会による救済命令を相当と結論づけたが、その際、行き詰まりに達していたかどうかの判断要素として、
・　団体交渉の回数および期間
・　会社側の提案内容
・　相手方説得の努力
・　交渉の場の内外における態度
をあげている。

○　寿建築研究所救済命令取消請求事件（東京高判昭和52年6月29日労判281号64頁。最二小判昭和53年11月24日判時911号160頁が原審の判断を是認）
　→　従業員数が15名前後の会社において、勤務態度が反抗的であることを理由

に従業員を解雇したところ、その者が所属する労働組合（社外組合）が解雇反対闘争を展開し、会社に対し団体交渉を要求したため、約半年間に4回にわたって団体交渉が行われたが、4回目の団体交渉では双方が自説を繰り返すのみとなったため、会社が決裂を宣言し、以後の団体交渉を拒否したところ、労働組合が労働委員会に対し救済の申立てを行った事例。

労働委員会は団交応諾命令を出したが、裁判所は、全審級とも、団交拒否の正当性を認め、団交応諾命令を取り消した（本講の事例作成において参考にした事案である）。

○　池田電器（取消訴訟）事件（最二小判平成4年2月14日労判614号6頁）
→　会社の経営が悪化したため、従業員を解雇したうえで倒産に至ったが、従業員の所属する労働組合が解雇撤回と会社再建を要求して団体交渉を要求したため、約3か月間にわたって5回団体交渉を実施したものの、双方が譲らず、平行線をたどったため、会社が以後の団体交渉を拒否したところ、労働組合が労働委員会に対し救済の申立てを行った事例。

労働委員会は団交応諾命令を出し、裁判所の第1審はこれを相当としたが、控訴審と最高裁は、団交応諾命令を取り消すべきと判断した。その理由について最高裁は、「本件救済命令の発令当時において、補助参加人（注：労働組合とその支部のこと）両名の会社再建、解雇撤回の要求について、右両名と被上告人（注：会社のこと）との主張は対立し、いずれかの譲歩により交渉が進展する見込みはなく、団体交渉を継続する余地はなくなっていたというべきであるから、被上告人が右の問題につき団体交渉の継続を拒否していたことに正当な理由がないとすることはできない。」と述べている。

○　ユアサ商事事件（中労委命令平成27年7月16日中労委データベース）
→　高年齢者雇用安定法に基づく継続雇用について、個人加入型組合との間で半年間に5回の団体交渉を尽くしたが、労使間において同法上の継続雇用義務の理解に根本的な食い違いがあり、また、会社側が提示した再雇用条件について、団体交渉やその他の場で組合員に対し前向きに検討するよう会社側が積極的に働きかけたにもかかわらず組合員自身がこれを一方的に拒否した等の交渉経緯をふまえて、労組法7条2号違反に基づく組合側の救済申立てを全部棄却した都労委命令が中労委においても是認された事例（筆者らが使用者側代理人を担当）。

なお、第5回団体交渉から、救済申立てのきっかけとなった団体交渉（第6回）の申入れ（会社がこれを拒否）までに約3か月が経過していたが、中労委は、第5回団体交渉の時点ですでに平行線をたどり、これ以上団体交渉を重ねても交渉が進展する見込みはなくなっており、その後、組合から新たな提案や要求が示されるなど、会社が組合の申入れに応じるべきであったといえるような事情の変化はなかったことも指摘している。

第9講 組合併存下における団体交渉

社内に複数の労働組合が存在する場合、使用者が組合ごとに対応を変えることは許されるか？

　同一企業内に複数の労働組合が存在する場合、使用者が各組合と団体交渉を行うにあたっては、常に同時並行的に交渉しなければならないのでしょうか。また、複数の労働組合のうち、1つの組合とだけ労働協約を締結し、他の組合との間で労働協約を締結しないというような、労働組合によって対応を変えることは許されるのでしょうか。

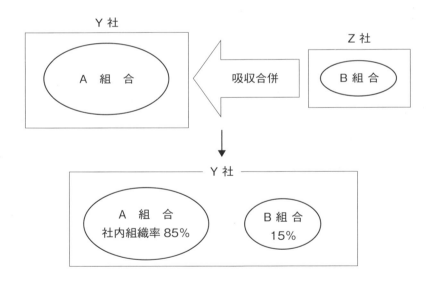

　Y社内には、もともとA組合があり、管理職を除くすべての正社員および契約社員がA組合に加入していました。昨年10月、Y社は、同じく社内にB組合のあったZ社を吸収合併したことから、現在のY社にはY社生え抜きの社員が加入するA組合と、元Z社の社員で構成されているB組合とが併存す

るようになりました。現在のY社において、管理職を除く正社員および契約社員の85％がA組合員、15％がB組合員です。

合併前のY社では、毎年2月から3月にかけて、次年度の三六協定締結や昇給に関してA組合との団体交渉が行われており、本年2月にもA組合から団体交渉の申入れがなされました。それを知ったB組合も、Y社に対して団体交渉の申入れをしました。

Y社としては、A組合が圧倒的な多数組合であることから、ひとまずA組合との団体交渉を行い、A組合との間で三六協定や労働協約を締結し、その後にその内容を少数組合であるB組合に説明して、同内容にてB組合との間でも労働協約を締結したいと考えています。

このように、まずは多数組合との間で団体交渉を行うことを理由に、少数組合との団体交渉の開催を延期したり、多数組合であるA組合との間で合意に達した労働条件にて少数組合であるB組合との妥結もめざしたりしようとするY社の姿勢には、労組法上の問題はないでしょうか。

1　背　景

同一企業内に複数の労働組合が併存するということは、決して珍しくはありません。たとえば、冒頭の事例のように、それぞれ社内組合を持つ企業が合併したものの、労働組合が統合しなかったような場合であるとか、あるいは、もともと1つの労働組合だったものが分裂した場合も考えられます。また、昨今は、企業内に労働組合が組織されているにもかかわらず、一部の従業員が個人加入型組合（⇒Key word⑥）に加入するということもあります。

日本は、複数組合交渉代表制（⇒Key word⑤）を採用していますので、その規模にかかわらず、すべての労働組合が使用者に対して団体交渉を申し入れることができます。

何らかの事情により、同一企業内に複数の労働組合が存在するに至った場合、使用者側はどのような点に気をつけて対応すればよいのか、また、その対応は労組法7条の列挙する不当労働行為類型（⇒Key word⑦）のどれとどのように関連するのかを本講では検討します。

2 組合併存下における使用者側対応の基本姿勢

　団体交渉の場面ではありませんが、冒頭の事例と同じく、吸収合併の結果、社内組合が複数になり、また、少数組合の方が合併に反対していたという状況のもと、会社が多数組合との間では労働協約を締結してその組合員に残業をさせていたのに、少数組合からの残業要求には応じなかったこと（残業差別）が、少数組合を弱体化させようとする支配介入（労組法7条3号、詳しくは**第15講**参照）に該当するかが問題となった事案において、日産自動車事件最高裁判決（最三小判昭和60年4月23日民集39巻3号730頁）は、組合併存下における使用者側対応の基本姿勢について次のように述べました（結論として、支配介入該当性を肯定）。

> 　複数組合併存下にあっては、各組合はそれぞれ独自の存在意義を認められ、固有の団体交渉権及び労働協約締結権を保障されているものであるから、その当然の帰結として、**使用者**は、いずれの組合との関係においても**誠実に団体交渉を行うべきことが義務づけられている**ものといわなければならならず、また、単に団体交渉の場面に限らず、すべての場面で使用者は**各組合に対し、中立的態度を保持し、その団結権を平等に承認、尊重**すべきものであり、各組合の性格、傾向や従来の運動路線のいかんによって差別的な取扱いをすることは許されないものといわなければならない。

　ここから、使用者の中立保持義務が導かれます。中立保持義務については、労組法上に明文規定はありませんが、憲法がすべての労働組合に対して労働三権を平等に保障していることから当然に導かれ、中立保持義務に違反した場合には、不利益取扱い（労組法7条1号）、団交応諾義務・誠実交渉義務違反（同条2号）、支配介入（同条3号）等の各不当労働行為が成立するという関係に立ちます。

　もっとも、前掲日産自動車事件最高裁判決は、複数組合併存下において使用者が団体交渉に臨む態度として、さらに、次のような点も述べていますので、あわせて理解しておくことが大切です。

・　中立的態度の保持といい、平等取扱いといっても、現実の問題として、併存する組合間の組織人数に大きな開きがある場合、各組合の使用者に対する交渉力、すなわちその団結行動の持つ影響力に大小の差異が生ずるのは当然であるから、団結力の小さい組合が団体交渉において使用者側の力に押し切られることがあったとしても、そのこと自体に法的な問

題が生ずるものではない。
- 事実として、多数組合の交渉力の方が使用者の意思決定に大きな影響力をもたらすことは否定できないところであるから、使用者において労使間の問題を処理するにあたって、多数組合との交渉およびその結果に重点を置くようになるのは自然のことというべきであり、このような使用者の態度を一概に不当とすることはできない。
- 使用者が複数の併存組合に対し、ほぼ同一時期に同一内容の労働条件についての提示を行い、それぞれに団体交渉を行った結果、多数組合との間に一定の条件で合意が成立するに至ったが、少数組合との間では意見の対立点がなお大きいという場合に、使用者が、多数組合との間で合意に達した労働条件で少数組合とも妥結しようとするのは自然の成り行きというべきであって、少数組合に対し多数組合と妥結した条件を受諾するよう求め、これをもって譲歩の限度とする強い態度を示したとしても、そのことからただちに使用者の交渉態度に非難すべきものがあるとすることはできない。
- 少数組合が自己の条件に固執したために労働協約が成立せず、そのことが少数組合員に経済的不利益の結果をもたらし、ひいては組合員の減少の原因となり、組合内部の動揺やその団結力の低下を招くに至ったとしても、それは、当該組合自身の意思決定に基づく結果にすぎず、組合幹部の指導方針ないし状況判断の誤りに帰すべき問題である。

以上のように、複数組合併存下においては、使用者に各組合との対応に関して平等取扱い、中立保持義務が課せられますが、各組合の組織力、交渉力に応じた合理的・合目的的な対応をすることは、中立保持義務に反しません。

3 実務上の対応のポイント

2で紹介した日産自動車事件最高裁判決の考え方をふまえると、複数組合併存下において、使用者は、団体交渉に際しては、ほぼ同一時期に同一の条件を提示し、同一の方法において交渉を行うことを原則とすべきであり、説明や協議のために提示する資料等の内容やそれらを提示する時期についても差異を設けるべきではないでしょう。

冒頭の事例の場合、多数組合であるA組合との団体交渉を先行させるため、

少数組合であるＢ組合との団体交渉の開催を延期するというＹ社の行為は、Ｂ組合に対する関係で団体交渉拒否（窓口拒否）の不当労働行為に該当する危険性が大だといわざるをえません。また、Ｙ社は、Ｂ組合との間で団体交渉を開催するとしても、Ａ組合と同時並行的に、Ａ組合と同一の条件を提示し、同一の方法において行うべきであり、説明資料の内容やそれを提示する時期についてもＡ組合と差異を設けるべきではありません。

他方で、Ｙ社がＡ組合との間で合意した労働条件で妥結することをＢ組合に対して強く求める姿勢は、それだけでは団体交渉拒否（不誠実交渉）に該当するとはいえません。ただ、一切の事情を総合的に勘案して、そのような姿勢がＢ組合を嫌悪する意図のもとになされたものと認められれば、Ｂ組合に対する支配介入に該当する可能性があります。

この点に関して、2で紹介した日産自動車事件最高裁判決は、さらに「団体交渉の場面においてみるならば、合理的、合目的的な取引活動とみられるべき使用者の態度であっても、当該交渉事項についてはすでに当該組合に対する団結権の否認ないし同組合に対する嫌悪の意図が決定的動機となって行われた行為があり、当該団体交渉がそのような既成事実を維持するために形式的に行われているものと認められる特段の事情がある場合には、右団体交渉の結果としてとられている使用者の行為についても労組法７条３号の不当労働行為が成立するものと解するのが相当」だとして、団体交渉拒否（不誠実交渉）には該当しなくても、支配介入の不当労働行為が成立する余地があることを示唆しています。そして、この「特段の事情」の有無を判断するにあたっては、単に、団体交渉において提示された妥結条件の内容やその条件と交渉事項との関連性、ないしその条件に固執することの合理性についてのみを検討するのではなく、当該団体交渉事項がどのようないきさつで発生したものか、その原因および背景事情、ないしこれが当該労使関係において持つ意味、交渉事項にかかる問題が発生したのちにこれをめぐって双方がとってきた態度等の一切の事情を総合的に勘案して、当該団体交渉における使用者側の組合嫌悪の意思の有無を判定する、としています。

このほか、Ａ組合と妥結した内容について、Ｂ組合との間では労働協約が締結できなかった結果として、Ａ組合の組合員とＢ組合の組合員の労働条件に差異が生じた場合、Ｂ組合からは、それがＢ組合の組合員であることを理由とした不利益取扱い（労組法７条１号）であると主張される可能性もあります。もっとも、この主張に関しては、誠実に団体交渉を行った結果として生

じた取扱いの差異であれば、それゆえの取扱いの差であって、「B組合の組合員であること」を理由とする差異ではないと反論することが可能です。

なお、複数組合併存下における使用者の中立保持義務は、前掲日産自動車事件最高裁判決が「単に団体交渉の場面に限らず、すべての場面で」と述べていることからわかるように、労働条件に関する組合との折衝だけでなく、組合事務所の貸与といった便宜供与の場面でも求められることになりますので、注意が必要です（日産自動車事件（最二小判昭和62年5月8日労判496号6頁）。当該判決および便宜供与について、詳しくは**第18講**を参照）。

4 裁判例・命令などの紹介

○ 日本メール・オーダー事件（最三小判昭和59年5月29日民集38巻7号802頁）
→ 2で紹介した日産自動車事件最高裁判決に先立つものであり、中立保持義務の内容を具体的に示した初めての最高裁判決である。

Y社が年末一時金の上積みに関する団体交渉にあたり、併存するA組合（社内組織率約55%）とB組合（同約8%）の双方に対して、「生産性向上に協力すること」を前提条件として提示したところ、A組合はこれを受け入れたため、A組合員は上積みした年末一時金を受け取ることができた。これに対しB組合は、人員削減を伴う合理化につながりかねないなどとして受入れを拒否し、上記前提条件の趣旨についてY社に対しさらなる説明を求めたが、Y社は、「就労義務のある時間は会社の業務命令に従って一生懸命働くという趣旨である」ということ以上の説明をせず、結局、双方ともに譲らなかったため、Y社はB組合員に対して年末一時金を支給しなかった。これを受け、B組合が同意できない前提条件に固執して年末一時金を支給しないのは、B組合員に対する差別的取扱いであるとともに（労組法7条1号）、B組合に対する支配介入である（同条3号）として、B組合が労働委員会に救済の申立てをしたところ、労働委員会が、「Y社はB組合に所属する従業員に対して昭和47年年末一時金をA組合の組合員以外の従業員に対するのと同一の基準で支給しなければならない」との救済命令を発した。Y社が、当該命令の取消しを求めて裁判所に提訴。

控訴審（東京高判昭和50年5月28日労判231号25頁）は、「分会（B組合のこと）が、会社の説明を信用せず、右前提条件に特別の意味が隠されているものと解し、右条件には絶対に同意できないとの態度を維持したため、一時金につき会社との妥結が成立せず、分会所属の組合員が一時金の支給を受けられないこととなったのであって、これは、分会の自由意思に基づく選択の結果にほかならない」として、救済命令を取り消した。

しかし、上告審は、前提条件の「生産性向上に協力する」という文言は抽象的であり、B組合がただちに受け入れられないのは当然であるし、当時の労使関係に照らせばB組合による拒絶をY社としても容易に予想できたのであるから、Y社においてこの条件の意味合いについてB組合の理解を得るべく積極的に説明すべきであったが、Y社による説明はなお不十分であったこと、このようにY社が合理性のない前提条件を提示したためにB組合は妥結できなかったのであるから、その結果をすべてB組合の自由な意思決定によるものとするのは相当ではないこと等を指摘して、Y社の対応を「全体としてみた場合には」B組合員をそのことのゆえに差別し、これによってB組合の内部に動揺を生じさせ、ひいてB組合の組織を弱体化させようとの意図の下に行われたものとして、労組法7条1号および3号の不当労働行為を構成するとして、控訴審判決を破棄した。

　　日産自動車事件最高裁判決のような一般論は述べておらず、事例判断にとどまってはいるが、労使関係の具体的状況次第では、併存組合に対して単に同一条件を示すだけでは中立保持義務を尽くしたことにはならないことが読み取れる。

○　国・中労委（NTT西日本）事件（東京高判平成22年9月28日労判1017号37頁）
　　→　併存組合下において、使用者が、多数組合のみとの間で経営協議会を設置することは、それ自体は問題ないが、少数組合が、経営協議会での議題と同一の交渉事項について、経営協議会で提示した資料や説明の開示を求めた場合には、団体交渉における使用者の実質的な平等取扱いを確保する観点から、必要な限りで、同様の資料の提示や説明を行う必要があるとした事例。また、新たな退職・再雇用制度について、少数組合に対して、多数組合よりも約2週間遅れて提案がなされ、多数組合への説明や提出資料と差異を設けたことや、少数組合との交渉を待たずに多数組合との合意内容を実践したことが、労組法7条2号の団体交渉拒否（不誠実交渉）に該当するとした。

○　日産自動車（民事・残業差別等）事件（東京地判平成2年5月16日労判563号56頁）
　　→　団体交渉に交渉権限を有する者を1人も出席させなかったり、あるいは、協約妥結段階の団体交渉に妥結権限を有する者を1人も出席させなかったりして当該団体交渉の進行を無意味なものにするものでない限り、使用者がいかなる役職者を交渉担当者として団体交渉に出席させるかは原則としてその裁量に任されているものというべきであって、複数の労働組合の併存下で、一方の組合との団体交渉に出席する使用者側の役職者の地位が、常に他方の組合との団体交渉に出席する役職者の地位よりも低いという事実があっても、これによって前者の組合の団体交渉の適正な遂行に著しい支障が生じるという特段の事情が認められない限り、不誠実な交渉態度による実質的な団体交渉拒否にあたるものということはできないとした事例。

第10講 誠実交渉義務と労働協約の締結
団体交渉で妥結した内容の労働協約化を使用者は拒めるか？

　本講では、団体交渉の最終局面において、交渉の結果合意に達した内容の労働協約化を使用者が拒否することは、誠実交渉義務（労組法7条2号）違反として不当労働行為になりうるかどうかを検討します。

団交事項：Y社による経営再建計画の受入れについて

【Y社の主張】　　　対立　　　【X労働組合の主張】

- 大阪支店に属する営業所のうち、京都・神戸営業所の閉鎖は必至。
- 大阪支店の従業員の一部を名古屋へ異動させる。
- 以上を実施できるなら、今後 7年間の大阪支店の存続と3年間の支店従業員の雇用は保障する。

- Y社による経営再建計画を進めていくと、将来的に大阪支店自体が閉鎖されてしまうおそれがある。そのため、協議に入る前提として、大阪支店自体の存続と、大阪支店の従業員の雇用保障についてY社は確約すべき。

部分一致

主張が部分的に一致しているところの協約化に応じなければならないか？

　Y社は、ここ数年の収支が極端に悪化したため、大阪支店を中心に従業員を減員して企業規模を縮小することを内容とする経営再建計画を打ち出し、これを円滑に実行するべく、大阪支店所属の多数の従業員が所属しているX労働組合に対し、その内容を開示し、理解を求めて団体交渉を実施すること

にしました。そして、Y社は、X労働組合との間で、約9か月間に合計19回にわたって団体交渉を行いましたが、X労働組合は、経営再建計画全体の検討に入る前に、まずは大阪支店自体の存続と大阪支店所属の従業員の雇用維持を保障しろと譲らず、これに対してY社は、Y社の考える経営再建計画が実施できれば、向こう7年間の大阪支店の存続と3年間の雇用保障については約束できるとの主張にとどまっています。そうしたところ、Y社はX労働組合から、少なくとも部分的に意見が一致している「向こう7年間の大阪支店の存続と3年間の雇用保障」について、先に労働協約化することを持ちかけられました。Y社としては、全体の協議事項の中で、この部分だけ取り出して協約化してしまうと、そこだけが一人歩きしてしまう危険性があるうえ、この部分についても、あくまで「Y社の考える経営再建計画が実施できれば」という前提付きですので、この前提部分についてX労働組合の了承が得られていない以上、協約化は避けたいと考えています。しかし、X労働組合は強硬に協約化を求めてきており、このままY社が拒絶すれば、労働委員会に救済を求めるとまでいっています。

　協約化には、必ず応じなければならないものなのでしょうか。Y社による協約化の拒絶は、X労働組合がいうように、不当労働行為に該当するのでしょうか。該当する場合には、どの類型に該当するのでしょうか。

1　背　景

　団体交渉の結果、労使間で合意に達した場合、通常、その内容を書面化して労働協約にし、合意の拘束力を強固なものにします。会社と労働組合との間で取り交わす文書のことを「協定書」と呼ぶことがありますが、「協定」や「協定書」は労組法上の用語ではなく、労組法上は「労働協約」と規定されています（三六協定などの「労使協定」と混同しないようにしてください）。

　労働協約は、労使間における団体交渉の成果そのものですから、労使自治を保護・促進し、かつ、その結果を尊重するべく、労組法は、労働協約にさまざまな特別の効力を付与しています（規範的効力について労組法16条・**第11講**、一般的拘束力について労組法17条と18条・**第12講**を参照してください）。また、労働協約で定めた内容は就業規則に優先します（就業規則が労働協約に反する場合には労働協約の内容が優先することが労契法13条に規定されています。**第11講参照**）。

労働協約は、このような強力な効力を有するものであるため、労組法上、厳格な要式主義がとられています。すなわち、必ず書面によらなければならず、労使双方が同一の書面上に署名または記名押印して初めて、労働協約として認められるものとされています（労組法14条、趣旨については後掲都南自動車教習所事件参照）。

　このように、労使間において労働協約が果たす役割は非常に重要であり、労働協約の締結は、団体交渉の目的そのものであるといえます。ですから、団体交渉を行っても、その結果を労働協約化することを使用者が容易に拒めるとすれば、憲法および労組法による団体交渉権の保障そのものが骨抜きになりかねません。

2　協約化拒否はいかなる場合に不当労働行為となるか

　団体交渉の結果、労使間に合意が成立したにもかかわらず、使用者が労働協約化（合意内容の書面化）を拒絶することは、上記のとおり、団体交渉の意義を失わせるものであるため、協約化の拒絶自体が、誠実交渉義務（誠実交渉義務の具体的内容について、詳しくは第7講参照）に違反するものとして不当労働行為（労組法7条2号）に該当します。

　また、協約化の拒絶が労働組合の団結力を弱体化する意図のもとになされたものと認められる場合には、支配介入（労組法7条3号）にも該当します（支配介入について、詳しくは第15講を参照）。

　これについて、後掲中労委（大阪証券労組）事件判決は、次のように述べています。

> 　労使間で一旦成立した合意が、誠実な団体交渉の成果として得られたものである場合には、労使双方ともこの合意を尊重すべきであり、一方において相当な理由がないにもかかわらず安易にこの合意を撤回したり無視する態度に出ることは、団体交渉の意義を失わせることになるから、不当労働行為として許されないというべきである。

　ここから使用者による労働協約締結の拒絶が不当労働行為となるのは、
　　① 労使間で合意が成立したといえる場合であること。
　　② 協約化の拒絶につき相当な理由がないこと。
の双方に該当する場合であることがわかります。つまり、合意がいまだ成立

していない段階であったり、協約締結の拒絶に相当な理由があったりする場合には、不当労働行為にはなりません。

　実務上特に問題になるのは、①です。団体交渉では、長時間にわたり、さまざまな論点が相互に関連しつつ同時並行的に話し合われることが多いため、どの点について合意が成立したのか、また、その合意は確定的なものなのかの判断が難しい場合が少なくありません。

　冒頭の事例は、後掲文祥堂事件を参考にしたものですが、この事件で最高裁は、合意の成立を否定し、不当労働行為に該当するとした中労委の命令を取り消しました。その理由として、まず、合意の成否の判断基準について、以下のように述べています。

　　　使用者の提案に係る企業再建計画の実施の受入れというような**包括的な事柄が交渉事項となっている団体交渉において労使間に合意が成立したというためには、特段の事情のない限り、当該交渉事項の全体について確定的な意思の合致があったことが必要であって**、仮に当事者の一方が団体交渉の過程で交渉事項の一部について相手方の主張に合致するような見解の表明を行ったとしても、右見解の表明が、全体的な合意の成立を条件とする暫定的ないし仮定的な譲歩にかかわるものであるときは、これをもって、個別的な事項について労使間の合意の成立があったとすることはできないものというのが相当である。

　そして、当該事案における合意の成否については、本件団体交渉において表明されたY社の見解中には、X労働組合の求めた内容に合致する部分もあるが、Y社の見解の表明は、Y社提案についての合意の成立を条件とする暫定的ないし仮定的な譲歩にかかわるものであることが明らかであって、その見解の表明をもって本件団体交渉においてX労働組合とY社との間に合意が成立したと解することは到底できないと結論づけました。

　このように、組合側が「〇〇すべき」と主張しているのに対し、使用者側が「□□であれば、〇〇するのは構わない」と述べている場合、形式的には〇〇の実施について双方の見解が一致しているように見えたとしても、□□が〇〇実施の重要な前提となっており、かつ、□□について労使が対立している場合には、全体としてみれば結局のところ、〇〇実施について合意が成立していないということになりますから、使用者は「〇〇実施」だけを内容とする労働協約の締結を拒むことができます。

　次に、上記②（協約化の拒絶につき相当な理由が認められる場合）の典型例は、

使用者側の合意が使用者の自由な意思決定によるものではなく、組合側の威圧によってなされたような場合です（後掲中労委（大阪証券労組）事件参照）。このような場合には、仮に形式的には合意が成立していたとしても、使用者に協約化を義務づけることは酷ですから、不当労働行為とはなりません。誠実交渉義務は、ほとんどの場合、使用者について議論されますが、決して片面的な義務ではなく、組合側も同様に誠実交渉義務を負っています。労働協約は、労使双方が誠実に団交した結果の真の合意を記載したものであるからこそ、労組法は特別な効力を付与しているのです。

使用者による協約化の拒否が誠実交渉義務違反となる場合、労働委員会は、使用者に対して直接、協定書の作成もしくはそれへの署名または記名押印を命じることができるとされています。

3 実務上の対応のポイント

2からわかるように、労使間において明らかに合意が成立している場合には、その合意の書面化を使用者が拒むことは原則としてできない、ということをまずは理解しておく必要があります。

もっとも、書面に記載する具体的内容について、さらに組合側と議論することはもちろん可能です。労働協約は、厳格な書面性を有するものですから、書面に記載された内容がすべてです。そのため、書面中の条項の文言についてはきわめて慎重に、表現の程度などについても意に反する部分がないかどうかよく確認したうえで、署名または記名押印するようにしてください。

また、冒頭の事例のように、合意の成立自体が問題になるケースでは、どのような事項が団交事項となっていたか（文祥堂事件最高裁判決は、団交事項が企業再建計画の実施という包括的な事柄であったことを合意の成否判断の一要素としています）、それについて双方がどのような主張をし、どの点で意見が食い違っていたかという団体交渉の全過程をみたうえで、合意の成否が判断されることになります。よって、ここでも、団体交渉の全過程をきちんと記録しておくことが非常に重要です。第8講3で紹介した団体交渉の記録方法を参考にして、団体交渉実施時から十分な記録を残しておくことが望ましいです。

4　裁判例・命令などの紹介

○　文祥堂事件（最三小判平成7年1月24日労判675号6頁）
　→　団体交渉において表明された使用者の見解が、使用者側の提案についての合意の成立を条件とする暫定的ないし仮定的な譲歩にかかわるものであるから、いまだ確定的な合意は成立していないとして、19回に及ぶ団体交渉実施後、使用者が合意不成立を理由に団体交渉を打ち切ったこと、そして、組合側の求める協約化を拒否したことがいずれも不当労働行為（労組法7条2号）に該当しないと判断された事例。本講の事例作成において参考にした事案である。

○　中労委（大阪証券労組）事件（東京地判平成5年1月21日労判626号83頁）
　→　団体交渉において、就業時間内の組合活動の保障等の組合側の要求事項について合意が成立したが、後日、その協約化を使用者が拒絶したことにつき、中労委は、不当労働行為と認め、「協定書を作成しなければならない」旨の命令を発出したが、これに対し裁判所は、団体交渉が組合による怒号や罵声の中で一方的に進められたにすぎず、相互に議論を尽くして合意に達したものとはいえず、そのような合意は誠実な団体交渉の成果であるとはいいがたいとして、協約化の拒絶に相当な理由があるとして、中労委命令を取り消した事例。

○　都南自動車教習所事件（最三小判平成13年3月13日民集55巻2号395頁）
　→　ベースアップに関する団体交渉を行った結果、具体的な引上げ額について妥結したが、それを労働協約化していなかったというケースにおいて、妥結した内容に基づく組合員からの差額賃金請求を最高裁が否定した事例。
　　　労組法14条が労働協約に厳格な要式性を要求している趣旨について、「労働協約は上記のような法的効力（規範的効力、一般的拘束力、就業規則に対する優先効）を付与することとしている以上、その存在及び内容は明確なものでなければならないからである。換言すれば、労働協約は複雑な交渉過程を経て団体交渉が最終的に妥結した事項につき締結されるものであることから、口頭による合意又は必要な要式を備えない書面による合意のままでは後日合意の有無及びその内容につき紛争が生じやすいので、その履行をめぐる不必要な紛争を防止するために、団体交渉が最終的に妥結し労働協約として結実したものであることをその存在形式自体において明示する必要がある。そこで、同条は、書面に作成することを要することとするほか、その要式をも定め、これらを備えることによって労働協約が成立し、かつ、その効力が生ずることとしたのである。」と述べたうえで、「書面に作成され、かつ、両当事者がこれに署名し又は記名押印しない限り、仮に、労働組合と使用者との間に労働条件その他に関する合意が成立したとしても、これに労働協約としての規範的効力を付与することはできないと解すべきである。」とした。

第11講 労働協約の規範的効力
労働協約の締結は組合員の労働契約にどのような影響を及ぼすか？

　労働協約は、労組法14条において「労働組合と使用者又はその団体との間の労働条件その他に関する」もので、「書面に作成し、両当事者が署名し、又は記名押印することによってその効力を生ずる」ものと定義されています。

　労働協約は、労働組合と使用者との間における団体交渉その他の交渉（たとえば、労使協議、あっせん・和解等の手続など）の成果そのものであり、労使自治を促進・保護するべく、労組法は、労働協約にさまざまな特別の効力を付与しています（第10講①参照）。その中でも、規範的効力（労組法16条）が一番重要です。本講では、労働協約の規範的効力とはどのようなものであるのか検討していきます。

(1)　Y社は、社内のX労働組合との間で締結した労働協約により、組合員全員についてある手当の額を5万円とすると定めていましたが、組合員Aとの労働契約では、例外的に3万円とすることを約束し、また、組合員Bとの労働契約では、この手当をBに支給するかどうかが明確に定められていませんでした。この場合、Y社がAに支払うべき手当額は、いくらでしょうか。また、Bは手当の支払いを受けることができるでしょうか。

組合員A	労働協約	＞	個別労働契約
組合員B	労働協約		個別労働契約

(2)　Y社は、かつてZ社を吸収合併したという経緯から、旧Z社出身者のみ67歳定年制とし、旧Y社出身者および合併後に入社した者に適用される60歳定年制との間で差異が生じていました。なお、労働組合については、旧Y社の社内労働組合と旧Z社の社内労働組合とが合同され、現在X労働組

合という単一の社内組合が存在しています。

　Y社は、退職金算定方法の改定を会社再建の重要な施策として位置づけ、X組合との交渉を重ねた結果、X組合との間で定年を63歳とする代わりに、退職金の支給基準率を引き下げる内容の新労働協約を締結しました。

　ところが、X組合員である旧Z社出身のCは、新労働協約によって定年齢の引下げと退職金支給基準率の引下げという二重の不利益を被ることになるのは不合理である旨をY社に主張しました。

　このように、労働協約の締結によって、従前の労働条件を一部の労働者に不利益に変更することは認められるのでしょうか。

Y社

旧Y社出身者	旧Z社出身者
60歳定年	67歳定年
退職金支給率は同じ	

新労働協約により
定年齢を63歳に統一
&
退職金支給率を引下げ

1　背　景

　労組法16条は、「労働協約に定める労働条件その他の労働者の待遇に関する基準に違反する労働契約の部分は、無効とする。この場合において無効となった部分は、基準の定めるところによる。労働契約に定がない部分についても、同様とする。」と定めており、労働協約が有するこのような効力を規範的効力と呼びます。

　また、就業規則において労働協約よりも低い基準を定めた場合も同様に、就業規則の当該部分は無効となり、労働協約上の基準の定めるところによります（労基法92条1項、労契法13条）。

　労組法が労働協約に対して労基法等の強行法規に準じた強い効力を与えた趣旨は、団体交渉による労働条件の決定を促進し、労使間の実質的対等関係を樹立することにあります。個々の労働者が使用者との間で締結する労働契約においては、労使間の交渉力や情報の格差ゆえに使用者の意向が事実上通りやすく（⇒Key word③）、また、就業規則は使用者が一方的に作成するものであるため、労働者の意向が必ずしも反映されるわけではありません。これに対し、労働協約は、労使が対等な立場で交渉を行った成果として締結されるものですから、その記載内容に労働契約や就業規則よりも強い効力を与

えることで、労使間交渉の結果が必然的に優先されるようにし、それをもって労使間交渉のインセンティブ（特に組合側に対するインセンティブ）とすることを法は意図しています。これもまた、労働三権（⇒Key word②）の実質的保障にとって重要な役割を果たすものです。このほか、労使間の個別合意によって労働協約の適用を回避できるとすれば、労働協約を下回る条件の応諾を労働者が使用者によって事実上強制される可能性もあり、労使交渉そのものが骨抜きになりかねないという懸念も前提になっています。

2　規範的効力の具体的な内容

1　法令、労働協約、就業規則、労働契約の優劣関係

就業規則の労働契約に対する最低基準効（労契法12条）と合わせると、優劣関係は、以下のように整理できます（労組法16条、労基法92条1項、労契法13条）。

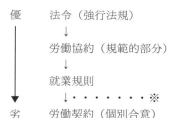

※就業規則で定める基準に達しない労働条件を定める労働契約はその部分について無効となるが、就業規則で定める基準を上回る労働契約の部分は有効であり、その部分については労働契約が優先する。

2　強行的効力と直律的効力

規範的効力は、強行的効力と直律的効力からなります。

- 強行的効力……労働条件その他の労働者の待遇に関する労働契約の内容（就業規則、労使間の個別合意）について、労働協約と齟齬がある部分を無効とする効力。
- 直律的効力……強行的効力により無効となった労働条件または労働契約に定めのない部分について労働協約が直接その内容を定める効力。

直律的効力については、労働契約を外から規律するものであるのか（この

考え方を「外部規律説」といいます）、それとも、労働契約そのものになるのか（この考え方を「化体説」または「内容説」といいます）、という議論があります。直律的効力は労組法16条が労働協約の一定部分に特に付与した独特の効力であることから、労働契約に対しては優先的かつ外在的に規律するものとして、外部規律説の考え方によるのが自然であるといわれています（菅野労働法677頁）。

＜外部規律説のイメージ＞

（外部から規律）

↑
労働協約が解約等により失効すると、凹んだ部分（労働協約で規律された部分）が元に戻る（元の契約内容に戻る）。

＜化体説（内容説）のイメージ＞

労働協約が解約等により失効しても、すでに労働契約と一体になっているため、労働契約の内容に変化なし。

↑
労働協約に抵触する部分、または、欠けている部分が、労働協約が定める内容に置き換わる。

　労働協約の規範的効力により、冒頭の事例(1)については、まず、Aについて、個別労働契約の内容（3万円支給）が労働協約上の定め（5万円支給）を下回っていることから、A・Y社間の労働契約における手当に関する部分は、労働契約によって外部から規律される結果、Y社がAに支払うべき手当額は5万円となります。また、Bについては、労働契約上の空白が労働協約によって外部から埋められる結果、Bについても5万円の手当支給を受けられることになります。

　なお、規範的効力に関しては、労働協約で定められた労働条件が単なる最低基準なのか、それとも、より有利な労働契約上の定めをも無効とするのか、という問題もあります（有利性原則の有無）。たとえば、事例(1)のAの手当支給額について、A・Y社間の個別合意（労働契約）で7万円と定めてい

た場合には、労働協約（5万円）と労働契約（7万円）のどちらが優先するのか、という問題です。

就業規則の最低基準効を定める労契法12条は、「就業規則で定める基準に達しない労働条件を定める労働契約は、その部分については、無効とする。」と定めているため、就業規則はあくまで最低基準であり、これを下回るもののみを無効とすることが条文上明らかにされていますが、規範的効力を定める労組法16条は「労働協約に定める労働条件……に違反する労働契約の部分は、無効とする。」と定めており、条文からは最低基準であるかどうかが明確に読み取れないことから解釈上問題となります。

通常、社内の労働組合との団体交渉を経て労働協約化した内容は、当該企業や事業所における組合員の現実の労働条件であり最低基準ではなく、また、組合員全員について統一的に適用することを当然の前提としている場合が多いことから、有利不利を問わず、労働協約上の定めが優先すると考えられます（有利性原則の否定。上記の例ではAの手当額は5万円となります）。ただ、これは、あくまで協約当事者である労働組合や使用者の意思の解釈の問題ですので、それが最低基準を定める趣旨であると解される場合には、労働協約は、それを下回る労働契約についてのみ規範的効力を有することになります。

3　労働協約の規範的部分と債務的部分

直律的効力を有するのは、労働協約上のさまざまな規定のうち「労働条件その他の労働者の待遇に関する基準」（労組法16条）を定める部分に限られます。この部分を**規範的部分**といいます。

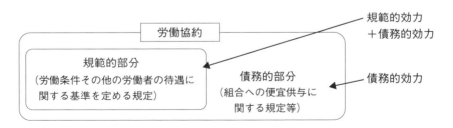

労働協約は、使用者と労働組合との合意ですから、ひとたび締結すると、互いに労働協約で定めた内容を守る義務（債務）が発生します。労働協約が締結当事者を拘束する効力を**債務的効力**といい、労働協約というものの性質

上当然に、労働協約全体について生じます。つまり、上の図のように、規範的部分は規範的効力と債務的効力の両方を有しますが、それ以外の部分、すなわち**債務的部分**は、債務的効力のみを有することになります。

　労働条件の向上のために団体交渉が行われ、その結果として労働協約が締結されることから、労働協約の中で規範的部分が占める割合はとても大きいのです。冒頭の事例(1)の手当に関する規定ももちろん規範的部分に該当します。

3　新たな労働協約の締結による労働条件の不利益変更の可否

　2で労働協約の有利性原則は、原則として否定されることを確認しました。では、労働協約や就業規則・個別の労働契約によって定められた労働条件を新たな労働協約を締結することで何ら問題なく不利益に変更することができるのでしょうか。冒頭の事例(2)のようなケースです。

　事例(2)は、後掲朝日火災海上保険（石堂）事件を参考にしたもので、この事件で最高裁は、以下のように述べて、労働協約の締結による労働条件の不利益変更は原則として認められることを明らかにしました。

> 　本件労働協約は、上告人（組合員）の定年及び退職金算定方法を不利益に変更するものであり……これにより上告人が受ける不利益は決して小さいものではないが、同協約が締結されるに至った以上の経緯、当時の被上告人（会社）の経営状態、同協約に定められた基準の全体としての合理性に照らせば、同**協約が特定の又は一部の組合員を殊更不利益に取り扱うことを目的として締結された**など労働組合の目的を逸脱して締結されたものとはいえず、その規範的効力を否定すべき理由はない。
> 　……本件労働協約に定める基準が上告人の**労働条件を不利益に変更する**ものであることの一事をもってその規範的効力を否定することはできないし、また、上告人の個別の同意又は組合に対する授権がない限り、その規範的効力を認めることができないものと解することもできない。

　この最高裁の判断は、就業規則の不利益変更とはかなり趣が異なるという印象をもたれたのではないでしょうか。就業規則の不利益変更は、原則不可、例外的に合理性がある場合のみ可ですが（労契法9条、10条参照）、労働協約の不利益変更は、原則と例外が逆転し、原則可、例外的に「特定の又は一部の組合員を殊更不利益に取り扱うことを目的として締結されたなど労働組合

の目的を逸脱して締結されたもの」といえる場合に限り不可（規範的効力が否定され、当該組合員の労働条件を変更する効力を有しない）、となります。

　ここに、使用者が一方的に作成する就業規則と、労働組合が関与し使用者と協議した結果として締結される労働協約との根本的な差異が表れています。労働協約は労働組合、すなわち労働者側の意見が十分に反映されたものですから、労使間の交渉の成果は原則として尊重されるべきなのです。

　また、団体交渉の過程では、大局的な観点からさまざまな駆け引きがなされ、労使双方の互譲により、結果として労働協約上は、労働者（組合員）に不利な条項と有利な条項とが一体として規定されることも多いです。継続的な労使関係のもとでは、短期的に見れば労働者（組合員）に不利であっても、長期的視点に立てばそれが有利に働き、労働者（組合員）の利益が図られるという場合もあるでしょう。このように労働組合は、組合員の利益を全体的かつ長期的に擁護するため、一見あるいは部分的には不利にみえる内容の労働協約を締結することもありうるはずです（⇒第12講の冒頭事例参照）。それにもかかわらず、新たな労働協約の締結による不利益変更が一律に禁止されてしまうとすれば、かえって交渉の幅を狭め、労働組合の交渉力を弱めてしまう結果ともなりかねず、全体的、長期的な視野に立った組合員の利益擁護という、労働組合の重要な役割が果たせないことになってしまいます。

　ただ、不利益変更が認められるのは、あくまで労働組合が組合員全体の意見を適切に団体交渉に反映させているという前提があってのものです。労働協約が有効に成立するためには、締結当事者である労働組合において、規約その他により、組合大会の決議などを経て、組合員から協約締結権限の授権がなされていることが必要となります。また、高齢の労働者など、一部の限定的な組合員の労働条件を不利益に変更する旨を協約化する場合には、労働組合内部において、当該一部組合員集団の意見を十分に汲み上げ、その不利益の緩和に努めるなど、組合員全体の利益を公正に調整する努力が必要だと解されます。よって、労働組合内の協約締結権限授権手続に瑕疵がある場合には、新労働協約の規範的効力が否定されます（後掲中根製作所事件、鞆鉄道事件、淀川海運事件参照）。

　さらに、新たに締結される労働協約の内容に著しい不合理性がある場合にも、規範的効力が否定されることがあります。特に、一部の限定的な組合員の労働条件を不利益に変更する場合には、新労働協約の内容に一定の合理性が求められるものといえます。後掲中根製作所事件や鞆鉄道事件で裁判所は、

労働組合内の協約締結権限授権手続の瑕疵に加え、新労働協約の内容の合理性も否定しています。

4 実務上の対応のポイント

　使用者は、労働協約の規範的効力により、労働協約の規範的部分が就業規則や労働契約に優先して組合員に適用されることを十分に理解したうえで、労働組合との団体交渉に臨み、労働協約の締結を行う必要があります。

　また、新たな労働協約の締結により、就業規則、個別の労働契約、従前の労働協約によって定められている労働条件を労働者（組合員）の不利益に変更することは可能ですが、その場合には、労働組合内の意見集約や協約締結権限授権手続（労働協約締結過程）の公正さと、変更内容の合理性が問われることも意識しておく必要があります。特に前者の労働協約締結過程の公正さに関しては、労働組合内部の手続が問題であり、使用者としては介入しにくい部分ではありますが、たとえば、労働組合が内部手続を十分丁寧に履践するための時間的余裕を与えたり、労働組合内部での説明用の資料を提供したりするといった工夫を行うことは可能でしょう。

5 裁判例・命令などの紹介

○　朝日海上火災保険（石堂）事件（最一小判平成9年3月27日労判713号27頁）
　　→　定年年齢の引下げ（63歳から57歳へ）、退職金支給基準率の引下げ（71.0から51.0へ）等を内容とする労働協約の締結がなされた件で、労使交渉・労働協約締結の経緯、会社の経営状況の悪化、従来の定年制の特殊な性格（承継を受けた企業において、従前、他企業からの再雇用者に向けて独自の定年制が採用されていたこと）、変更後の定年・退職金が低水準とはいえ、変更後の基準に全体としての合理性があること等に照らせば、当該労働協約が特定のまたは一部の組合員をことさら不利益に取り扱うことを目的として締結されたものとはいえないとして、規範的効力が認められた事例。新たな労働協約の締結による労働条件の不利益変更に関するリーディングケースである。
○　中根製作所事件（東京高判平成12年7月26日労判789号6頁。なお、最三小決平成12年11月28日労判797号12頁により上告棄却、上告不受理により確定）
　　→　高齢者の賃金を不利益に変更する（月例給を最高23％減額）旨の労働協約の

締結がなされたもので、労働協約の締結が組合規約上組合大会の付議事項とされているにもかかわらず大会決議がなかったこと等を理由に、協約締結権限の瑕疵を認めて規範的効力を否定するとともに、会社の経営状況から変更の必要性に乏しい反面、賃金減額の不利益は大きく、経過措置等も不十分であるとして、新労働協約内容の合理性にも言及したうえで規範的効力を否定した事例。

○ 鞆鉄道事件（広島高判平成16年4月15日労判879号82頁）
→ 高齢者の賃金を不利益に変更する（56歳で希望退職に応じなかった者の基本給を一律30%削減）労働協約の締結がなされたもので、労働協約の締結につき組合規約上必要とされている組合大会が開催されず、不利益を受ける者の意見を十分に汲み上げる努力も認められないとして、協約締結権限授権の瑕疵を指摘し、かつ、新労働協約内容にも合理性がないとして規範的効力を否定した事例。

○ 淀川海運事件（東京地判平成21年3月16日労判988号66頁）
→ 住宅手当等の減額を定めた労働協約について、労働組合の代表者が、組合規約に反して組合大会の決議を経ずに締結したものであり、労働協約自体が成立していないとして規範的効力を否定した事例。

○ 箱根登山鉄道事件（東京高判平成17年9月29日労判903号17頁）
→ 経営危機に陥ったバス会社と労働組合が労働協約によってバス運転手の基本給、退職金を引き下げたことにつき、会社の経営状況等から変更実施の高度の必要性を認め、不利益の程度もやむをえないものであり、労働組合との協議や従業員に対する説明に加えて、組合内部の意思決定手続にも瑕疵が認められないとして、労働協約の規範的効力を肯定した事例。

○ 日本鋼管事件（横浜地判平成12年7月17日労判792号74頁）
→ 高齢の従業員の賃金を不利益に変更する（月例給を3万円弱減額）旨の労働協約の締結がなされたもので、変更内容が不合理であるとはいいがたく、また、組合規約に従った締結手続がとられ、組合員の意見も考慮されているとして労働協約の規範的効力を肯定した事例。

○ 都南自動車教習所事件（最三小判平成13年3月13日民集55巻2号395頁）
→ 団体交渉の結果、労使間において合意に達した場合でも、それが書面化されていない場合には、その合意は規範的効力を要しないことを明らかにした事例。詳しくは、第10講4で紹介。

第12講 労働協約の一般的拘束力
労働協約が組合員以外の者に適用されることはあるのか？

　労組法17条は、「一の工場事業場に常時使用される同種の労働者の４分の３以上の数の労働者が一の労働協約の適用を受けるに至ったときは、当該工場事業場に使用される他の同種の労働者に関しても、当該労働協約が適用されるものとする。」と定めており、これを労働協約の（事業場単位の）一般的拘束力と呼びます。一般的拘束力は、規範的効力（⇒第11講）とともに、労組法が労働協約に対して付与した特別の効力です。

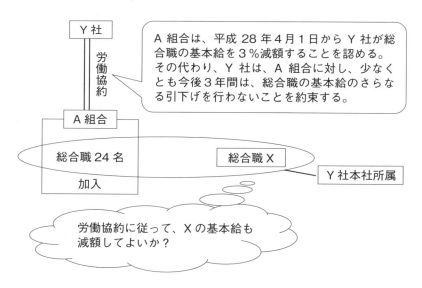

　Y社は、ここ数年の急激な売上減少に伴い、賃金を減額せざるをえなくなりました。そこで、Y社は、大多数の総合職従業員が加入しているA組合と団体交渉を行い、会社の実情を真摯に説明して協議した結果、最終的に、総合職の基本給を３％減額することについて、A組合の理解を得ることができ

ました。そして、平成28年3月20日、A組合との間で、「組合は賃金減額に同意する」「その代わりY社は、少なくとも今後3年間はさらなる賃金減額を行わないことを約束する」という内容の労働協約を締結しました。

　Y社本社には、総合職従業員が25名いますが、その中でXだけが、組合活動を好まないという理由でA組合に加入しておらず、A組合以外の他の労働組合にも加入していません。

　Y社は、A組合の組合員についてのみ賃金減額を実施するとすれば、かえってXだけを優遇する結果となり、会社の経営状況に理解を示してくれたA組合の組合員との公平性が保たれなくなってしまうため、Xについても、A組合の組合員と同様に、基本給を3％減額したいと考えていますが、法的に問題はないでしょうか。また、その結論は、XがA組合以外の別の労働組合に加入していた場合には、異なるでしょうか。

1　背　景

　労働協約は、使用者との間でその労働協約を締結した労働組合の組合員にのみ効力が及ぶのが大原則ですが、労組法17条はその例外を設け、ある事業場で、4分の3以上の労働者が1つの組合に所属している場合には、その組合と使用者が締結した労働協約が、組合に所属していない同種の労働者に対しても拡張適用されることを規定しています。

　ただ、なぜ「4分の3」に達すると事業場単位の一般的拘束力が生じるのか、「4分の3」の根拠はどこにあるのかについては、立法経緯をみても明らかではなく、また、一般的拘束力は、他国の労組法制にはみられない日本独自のものであるといわれています。そして、一般的拘束力の趣旨や機能については、学説上さまざまな見解が示されており、一般的拘束力が及ぶ範囲の限界についても、条文からは明らかではないため、判例法理の形成によって明確化が図られています。

　実務上は、一般的拘束力が問題となる場面はあまり多くはありませんが、労組法が労働協約に与えた基本的かつ重要な効力ですので、その考え方と限界を理解しておくことは重要です。

2 労働協約の一般的拘束力とその限界

1 事業場単位の一般的拘束力の趣旨

　労組法はなぜ、労働協約に一般的拘束力を認めたのか、非組合員にまで労働協約の効力を及ぼすべき必要性・合理性はどこに見出されるのか、については、いろいろな見方ができますが、事業場単位の一般的拘束力とその限界に関するリーディングケースである後掲朝日火災海上保険（高田）事件の最高裁判決は、次のように述べています。

> 　右規定（注：労組法17条のこと）の趣旨は、主として一の事業場の4分の3以上の同種労働者に適用される労働協約上の労働条件によって**当該事業場の労働条件を統一し、労働組合の団結権の維持強化と当該事業場における公正妥当な労働条件の実現を図る**ことにあると解される……

　つまり、当該事業場における少数の非組合員が、労働力を安売りし、より低い労働条件を容認するとすれば、多数組合の団結力が阻害されてしまうため、多数組合の保護の観点から少数の非組合員についても強制的に同一労働条件にする必要があるとともに、多数組合が肯定した労働条件を当該事業場における公正な労働条件とみなして労働条件を統一し労働者間の公平性を保つという複合的な観点から、事業場単位の一般的拘束力の存在価値が認められています。

　なお、労組法が規定している労働協約の一般的拘束力には、事業場単位（労組法17条）のほかに、企業の枠を超えた地域的な一般的拘束力（労組法18条）もありますが、実際の適用場面はほとんど存在しないため、本書では説明を省きます。以下の「一般的拘束力」との記載は、すべて事業場単位のものを指します。

2 一般的拘束力が生じる要件

　一般的拘束力が生じるのは、「一の工場事業場に常時使用される同種の労働者の4分の3以上の数の労働者が一の労働協約の適用を受けるに至ったとき」です。この要件を分解して、それぞれの内容を検討してみましょう。

　(1)　「一の工場事業場に」

　「4分の3」に達しているかどうかは、企業単位ではなく、企業を構成する個々の工場や支店等の事業場単位で判断します。事業場とは、「一定の場

所において相関連する組織の下に業として継続的に行われる作業の一体」をいうものとされており、原則として、場所的観念によって決定されますが、支店がかなり小規模であり、組織立っていない場合には、本社からの独立性が否定され、本社と一体の事業場と取り扱われる場合もあります（後掲都市開発エキスパート事件参照）。

(2) 「常時使用される」

実質的に判断します。無期雇用の従業員は当然に含まれますが、有期雇用の場合であっても、更新が繰り返されるなどして実質的に継続して雇用されていれば含まれます。

(3) 「同種の」

「同種」性が問題になることが多いのは、管理職といわゆる非正規労働者です。どのような要素をふまえて「同種」性を判断するかについては、条文上明らかにされていないため、いろいろな見解があり、判例法理も固まっていません。職務内容や作業実態など、もっぱら労働者が行っている仕事を基準にすべきという見解もあれば、仕事の内容だけでなく、契約期間の有無や適用される賃金体系など人事制度や雇用形態も含めて考えるべき、という見解もあります。そのほか、当該労働協約が適用を予定している労働者か否か、もしくは、当該労働組合が組織対象としている労働者か否かを基準にすべき、という見解もあります。

ただ、いずれの基準によったとしても、管理職とそれ以外の正社員、非正規労働者と正規労働者は、通常、峻別して労務管理がされており、職務の範囲や職責も大きく異なっているうえ、労働組合側も、別々に取り扱っている場合が多いでしょうから、「同種」性が否定されることが多いといえます。

(4) 「4分の3以上の数の労働者が一の労働協約の適用を受ける」

「4分の3」の分母に算入されるのは、上記(2)(3)の要件を満たす従業員です（ただし、後記の適用除外に注意）。分子に算入されるのは、当該労働協約を締結した労働組合の組合員として、協約の適用を受ける従業員です。

「一の労働協約」とは、文字どおり、1つの労働協約という意味です。仮に、複数の労働協約において同一の労働条件が定められていたとしても、4分の3を満たすかどうかは、個々の労働協約ごとに判断します。

(1)から(4)のすべての要件を満たせば、当然に一般的拘束力が生じます。

一般的拘束力を発生させるかどうかについて、使用者や多数組合に決定権

限があるわけではありません。望むと望まないとにかかわらず、また、労働条件の有利・不利を問わず、一般的拘束力は、客観的に(1)から(4)の要件を満たす状態になったことによって自動的に生じます。

そして、(1)から(4)の要件を満たすことは、一般的拘束力の存続要件でもあります。すなわち、採用や人事異動、退職等によって、事業場の人員構成に変化が生じ、その結果、「4分の3」を満たさなくなった場合には、これまた、望むと望まないとにかかわらず、当然に、一般的拘束力は自動的に消滅すると解されています。

3　一般的拘束力の対象事項

一般的拘束力の対象となるのは、労働協約の規範的部分（⇒第11構②3）、すなわち労働条件その他の労働者の待遇に関する基準（労組法16条）に限られます。債務的部分については、一般的拘束力は生じません。

③　実務上の対応のポイント

実務上は、組合員・非組合員を問わず、統一的に労働条件を変更し、かつ適用していくために、多数組合との労働協約の内容に合わせて就業規則をも変更し、非組合員の労働条件については、その就業規則で規律していくことが多いため、一般的拘束力が登場する場面は、あまりありません。

また、一般的拘束力は、上述のように、条文の文言が抽象的であるうえ、そもそも一般的拘束力を生じさせること自体に絶対的な合理性があるとはいい切れないことから、学説や判例法理によって、条文には規定されていない「適用除外」（労組法17条の要件を満たした場合であっても、一般的拘束力が生じない場合）があると解釈されています。

実際には、この「適用除外」に該当する場合が多いため、どのような適用除外があるのかについても、しっかり理解しておくことが大切です。

適用除外その1　少数組合の組合員であるとき

多数組合の組合員ではない者が、別の少数組合に所属している場合には、一般的拘束力が及ばないという解釈が一般的です。

なぜなら、日本の労組法は、複数組合交渉代表制（⇒Key word⑤）を容認し、1つの会社に複数の労働組合の組合員が存在し、それぞれの労働組合が団体

交渉を求めることを認めていることから、少数組合の組合員の労働条件に対して、当然に一般的拘束力を及ぼし、多数組合の組合員と同一の労働条件に変更することになれば、その少数組合の団体交渉権を奪う結果となるからです（後掲大輝交通事件参照）。

よって、冒頭の事例で、XがA組合以外のどの労働組合にも所属していない場合には、XにはY社・A組合間の労働協約が拡張適用され、Y社はXの賃金についても3％減額することができますが、Xが別の労働組合に加入していた場合には、一般的拘束力が及ばないため、減額することはできません。

|適用除外その2| 著しく不合理であると認められる特段の事情があるとき

一般的拘束力は、多数組合による交渉結果を当然に、その多数組合に加入していない者（どの組合にも所属していない未組織労働者）に適用するというものです。労働組合は、本来、その組合の組合員のために活動を行うものですから、未組織労働者の権利や意向については何ら考慮されることのないまま、多数組合による交渉が行われ、その結果、労働協約が締結されるという場合もありえます。そして、そのような交渉が行われたとしても、未組織労働者は組合員でない以上、多数組合に対して、意見を述べたり、交渉の方向性を変えさせたりすることもできません（そもそも交渉内容すら知りえないという場合もあります）。

そうであれば多数組合に加入すればよいではないか、組合加入の動機づけこそが一般的拘束力の制度趣旨だ、とも考えられるかもしれませんが、冒頭のXのように自らの意思で加入しない場合だけでなく、組合規約上、一定の職務上の地位を得ると当然に組合員資格を剥奪されてしまうという場合もあります。

このように、多数組合に入りたくても入れない場合に、自身の意見が何ら反映されていない（反映させる機会がなかった）多数組合の労働協約の内容が当然に適用されてしまうのは酷だという場合もあるでしょう。上述のように、一般的拘束力は、労働条件を不利益に変更する結果となる場合であっても、法の要件を満たせば当然に適用されると考えられるからです。

そこで、後掲朝日火災海上保険（高田）事件の最高裁判決は、次のような例外を設けました。

> - 労働協約によって特定の未組織労働者にもたらされる不利益の程度・内容
> - 労働協約が締結されるに至った経緯
> - 当該労働者が労働組合の組合員資格を認められているかどうか
>
> 等に照らし、
> **当該労働協約を特定の未組織労働者に適用することが著しく不合理であると認められる特段の事情があるときは、労働協約の規範的効力を当該労働者に及ぼすことはできない。**

　この事件では、昭和58年4月1日当時、「営業担当調査役」という役職にあった57歳の男性従業員が原告となったもので、原告の仕事内容は、他の従業員と同様に、支店長の業務命令に従って保険募集業務を行うというものでしたが、労働協約の中で「調査役は非組合員とする」と定められていたため、組合員ではありませんでした。そのような中、労働協約において、昭和58年4月1日より満57歳の誕生日をもって定年とする、同日時点で満57歳以上の者については満62歳まで再雇用するが、給与は特別社員給与規定により支払う、という労働条件が設定されたため、原告はすでに定年退職していることになり、さらに、給与額や退職金額も大幅に減ることになったため、この労働協約の効力は自分には及ばないはずだとして提訴しました。

　そして、最高裁は、原告が組合員ではなかった経緯や、原告が被る不利益の大きさ、そして、この労働協約によって原告はもっぱら大きな不利益だけを受ける立場にあることなどを踏まえて、上記の基準に従って判断した結果、原告に対して労組法17条により労働協約を適用するのは妥当でない、と結論づけました。

4　裁判例・命令などの紹介

○　朝日火災海上保険（高田）事件（最三小判平成8年3月26日民集50巻4号1008頁）
　→　労働協約の一般的拘束力の趣旨とその限界についての考え方を明らかにしたリーディングケース。
　　　上記で紹介した判示部分のほか、「同条（労組法17条）の適用に当たっては、右労働協約上の基準が一部の点において未組織の同種労働者の労働条件よりも不利益とみられる場合であっても、そのことだけで右の不利益部分についてはその効力を未組織の同種労働者に対して及ぼし得ないものと解する

のは相当でない。」と述べ、未組織労働者の労働条件を不利益に変更する場合であっても、一般的拘束力が及びうることを明らかにした。

○ 都市開発エキスパート事件（横浜地判平成19年9月27日労判954号67頁・確定判決）
→ 賃金引下げの効力を肯定する内容の労働協約の一般的拘束力を肯定して、非組合員である原告による引下げ分の差額賃金請求を全部棄却した事例。原告は、出向先で勤務しており、出向先には、当該労働協約を締結した組合の組合員はいなかったが、出向先の規模・組織・勤務実態等をふまえると、独立した事業場とはいえないと判断し、出向元である被告本社を「一の工場事業場」ととらえたうえで、「4分の3」要件の充足を肯定した。

○ 大輝交通事件（東京地判平成7年10月4日労判680号34頁）
→ 少数組合員について一般的拘束力を及ぼすことは、少数組合が独自に会社と団体交渉を行い、労働条件の維持改善を図る努力をすることを無意味ならしめる結果となることから、労働組合の有する団結権・団体交渉権を保障する観点からみて許されないと判断した事例。

第13講 労働協約の解約
労働協約を使用者が一方的に解約することはできるのか？

　労働協約は、協約上設定された有効期間の満了や解約によって終了し、その効力を失います。本講では、労働協約の解約の可否・方法と注意点を中心に検討します。

```
┌─────────────────────────┐          ┌─────────────────────────┐
│  組合専従者に関する協定  │          │  Y 社                   │
├─────────────────────────┤          ├─────────────────────────┤
│ ・5名の組合専従者を選任。│          │ X組合に対し、           │
│ ・任期の制限なし。       │          │ ・組合専従者を3名に減ずる。│
│ ・協定の改廃については労使│         │ ・任期は1年とし再任禁止。│
│　双方の合意を必要とする。│          │ との改定案を提案。      │
└─────────────────────────┘          └─────────────────────────┘
           ↑                                     │
           └──────── 解　　約 ───────────────────┘
                                          提案の3週間後
```

　Y社は、社内のX組合との間で「組合専従者に関する協定」と題する労働協約を締結しており、X労働組合は、その労働協約に基づき、これまで12年間にわたって5名の組合専従者の選任を継続し、専従期間は長い者で10年以上にわたっています。

　Y社は、組合専従者の人数を5名も認めるのは、業務量に比べて多すぎるし、10年以上も専従を認めることは便宜供与として過大であると考えるようになり、6月15日、他の議題に関してX労働組合と団体交渉を行った際に、この協定を「専従者を3名に減じ、その任期を1年として再任を禁止する」との内容に改定することを提案しました。

　その後、Y社は、X組合との間で6月21日と30日の2回、改定案について交渉しましたが、X組合は、形式的には協議に応じるかのような態度をとり

つつも、基本的には改定案を受け入れることはできないと発言し、そして、「協定の改廃について労使双方の合意を必要とする」との条項が存在することを強調しました。

Y社は、このようなX組合の交渉態度は、交渉を引き延ばして協議に応じようとしないものと判断し、7月6日、協定を解約するとX組合に通知しました。Y社によるこの解約は、法的に認められるでしょうか。

1 背 景

労働協約は、労組法上、「労働組合と使用者又はその団体との間の労働条件その他に関する」ものであって、「書面に作成し、両当事者が署名し、又は記名押印することによってその効力を生ずる」ものと定義されています（14条。詳しくは第10講、第11講参照）。労働協約には労組法上特別な効力（規範的効力⇒第11講、一般的拘束力⇒第12講）が付与されていることから、厳格な要式性が求められており、「書面に作成し、両当事者が署名し、又は記名押印」してはじめて労働協約たりうるものとされています。

労働協約は、ひとたび締結されれば、規範的効力によって組合員の労働条件を直接的かつ優先的に規律することになりますので（⇒第11講）、使用者が労働協約によって規律されている労働条件を変更したいと考えた場合には、労働者（組合員）との個別合意や就業規則の変更では足りず、労働協約そのものを変更しなければなりません。また、組合に対する便宜供与等、労働条件以外の使用者・組合間のルールを労働協約で定めた場合に、それを変更する際も同様です。

労働組合と協議して変更の合意ができればよいですが、冒頭の事例のように、組合側が変更に応じない場合には、いつまでもその労働協約に縛られることになるのでしょうか。労使いずれか一方が相手方の同意を得ることなく労働協約を解約することはできるのか、また、その場合の手続等について以下検討していきます。

2 労働協約の解約のルール

1 労組法上のルール

労働協約は、団体交渉等の成果として締結された労使間の契約ですから、

本来その有効期間や解約の方法等についても労使間の合意に委ねられるべき事柄であるようにも思えます。

しかし、労使間の複雑な利害調整を経て締結される労働協約は、労働条件その他の労働者の待遇の基準を設定してこれを一定期間保障し安定させるという機能（労働条件規制機能）、労働組合と使用者の諸関係に関するルールを設定する機能（労使関係統治機能）、使用者の経営上の諸権限に対する労働組合の諸種の関与を制度化する機能（経営規整的機能）といった重要な機能を有していることから、労使を取り巻く状況が変化する中で、不合理に長期間労働協約に拘束され続けることを防止し、労使が状況の変化に適切に対処することで長期的な労使関係の安定化が図られるという基本趣旨のもとに、労組法15条は以下のルールを設けました。

（1項）労働協約には、3年を超える有効期間の定めをすることができない。
（2項）3年を超える有効期間の定めをした労働協約は、3年の有効期間の定めをしたものとみなす。
（3項）有効期間の定めのない労働協約は、当事者の一方が、署名し、又は記名押印した文書によって相手方に予告して解約することができる。一定の期間を定める労働協約で、その期間の経過後も期間を定めず効力を存続する旨の定めがあるものについて、その期間の経過後も同様である。
（4項）解約の予告は、解約しようとする日の90日以上前にしなければならない。

2　有効期間の定めのある労働協約の解約

有効期間を定めた労働協約は、その有効期間の満了によって当然に効力を失いますが、有効期間中は原則として一方的に解約することはできません（例外は、締結当時にまったく予想できなかった事態が発生した場合や、相手方による協約違反が著しい等の特別の事情がある場合のみ。後掲ニチバン事件参照）。

期間満了にあたって、労使間の合意により新たに従前と同一の内容の労働協約を締結することは、もちろん可能です。また、労使双方が合意すれば、有効期間中であっても労働協約を解約（破棄）することができます。

実務上は、有効期間満了に伴い、同一内容の労働協約を存続させるために、自動延長条項や自動更新条項が設けられることが少なくありません。

自動延長条項とは、労働協約の有効期間が満了しても、新協約の締結について労使が合意に至らない場合に、期間を定めて、または、期間を定めず、

当該労働協約の効力を延長させる旨の定めであり、団体交渉が妥結して新協約が締結されるまでの間、暫定的に無協約状態を回避する趣旨のものです。

これに対し、自動更新条項とは、労働協約の有効期間満了前の一定期日までに当事者の一方から改定または終了の申入れがない限り、現行の労働協約をさらに同一の期間有効なものとして更新する旨の定めをいいます。

自動延長条項の例

> この労働協約の有効期間満了までに、労使間においてこの労働協約に替わる新労働協約締結に至らない場合には、この労働協約は、有効期間の満了後といえども、新労働協約締結に至るまでの間、なお効力を有する。

自動更新条項の例

> この労働協約の有効期間満了の3か月前までに、当事者の一方が他方当事者に対し、有効期間満了をもってこの労働協約を失効させる旨の意思表示をしない限り、この労働協約は、有効期間の満了後も、なお同一の期間効力を有する。

これらの自動延長条項や自動更新条項は、いずれも有効であると解されています。ただし、自動延長条項は、本来の有効期間が満了しても、新労働協約の締結に至らない限り、当事者は延長を阻止することができません。したがって、延長期間は、当初の労働協約の有効期間と連続したものとみなされ、当初の労働協約の有効期間と合わせて3年を超えないことが必要となります（延長期間中に3年を超えた場合には、その時点で労働協約は失効します。労組法15条1項・2項参照）。

これに対し、自動更新条項は、当事者が当初の労働協約の期間満了に際して更新を阻止することが可能であり、それにもかかわらず、阻止されることなく更新がなされたということは、実質的には当初の労働協約の期間満了による終了と、同一内容の新労働協約の締結が同時に行われたものと解されます。したがって、自動更新条項の場合は、同一内容の労働協約が通算3年を超えて労使を拘束することになっても、自動的に失効することはありません。

3　有効期間の定めのない労働協約の解約とその限界

有効期間の定めのない労働協約（または有効期間の定めのなくなった労働協

約）は、署名または記名押印した文書によって90日前の予告をすることにより一方的に解約することができます（労組法15条3項）。「90日」というのは最低限の予告期間を定めるものですから、解約にあたってこれより長い期間を予告期間とすることも可能です。また、予告期間を定めなかったり、90日より短い予告期間を定めたりした場合であっても、解約文書が相手方に到達してから90日が経過すれば、解約の効果が生じると解されています。

　有効期間の定めのない労働協約の解約は、原則として、その理由を問いません。どのような理由であっても、また、理由を示さずに、解約することができます。

　しかし、使用者による一方的解約は、それが不当労働行為（⇒Key word⑦）や権利濫用に該当する場合にはその効力が否定されることがありますので注意が必要です。冒頭の事例は、後掲駿河銀行事件を参考にしたものですが、この事件で裁判所は次のように述べています。

> 協定を解約することが使用者の権利であることは当然であるが、この**解約権の行使がことさら組合に不利な時期を選ぶなど、専ら組合に打撃を与える目的でされた場合**には、**権利の行使であっても支配介入行為として不当労働行為に該当する**というべきである……。

　この考え方を前提として、裁判所は、以下の点を指摘し、使用者による労働協約の解約は不当労働行為（支配介入）に該当するので、静岡県労委による「被申立人（株式会社駿河銀行）は、申立人（駿河銀行従業員組合）に対して昭和58年7月6日に行った『組合専従者に関する協定』の解約予告がなかったものとして取り扱い、ただちに、申立人との間において、『組合専従者に関する協定』の改定につき、誠意をもって協議しなければならない。」との救済命令を維持した中労委の判断に違法はないとしました。

- 事実関係を総合してみると、会社には、解約通告に基づく本件労働協約の破棄失効によって、当時の組合の執行委員全員を専従者から排除することにより、組合の運営を阻害し、ひいては会社がめざしている職能資格給制度の導入を円滑に行おうとする意図があったものといわざるをえない。
- 本件労働協約の改定案が合理的で、改定の必要性があり、組合が交渉の引き延ばしを策していたとしても、本件労働協約が長年にわたって実施されてきたこと、改定案が突然提案され、その内容に組合としてはす

ぐには受け入れにくい点があったこと、組合が基本的には改定案を受け入れられない旨表明したものの、協議には応じる姿勢を示していたこと、本件労働協約の改定には双方の合意が必要である旨の規定があったことなどに照らせば、会社が実質的協議を尽くさずに解約通告に至ったのは、交渉促進を図るためにやむをえなかったものということはできない。

3 実務上の対応のポイント

　労働協約に有効期間がある場合、有効期間の満了により労働協約を失効させることについては、特に問題は生じないでしょう。2 2のとおり、自動延長条項が存在する場合でも、労働協約の有効期間が3年を超えることはありませんし、また、自動更新条項が存在する場合には、当該条項に従い、有効期間満了前の一定期日までに、労働組合に対して有効期間満了をもって労働協約を失効させる旨の意思表示をすれば足ります。

　他方で、労働協約に有効期間の定めがない場合、労組法15条3項および4項によれば、労働組合に対して90日前の予告をすることによって解約をすることができるのが原則ですが、上記の駿河銀行事件判決が示すように、解約が不当労働行為または権利濫用に該当して無効と判断される危険性があることに注意しなければなりません。労組法15条が、ひとたび定めた労働協約に労使双方が拘束され続けて状況の変化に適切に対処できなくなるのを防ごうとする趣旨であることからすれば、解約について必要以上に法的制約を設けるべきではありませんが、駿河銀行事件以外にも、後掲布施自動車教習所・長尾商事事件や岩井金属工業事件でも、裁判所は、使用者による労働協約の解約が不当労働行為に該当するとして無効と判断しています。これらの裁判例の傾向からすると、有効期間の定めのない労働協約を解約する場合であっても、まずは労働組合との間で労働協約変更について十分な協議を行って妥協点を模索し、それが暗礁に乗り上げた時点で、最後の手段として労働協約解約を行うという姿勢が重要だといえるでしょう。

　なお、協約違反を理由とする一方的解約や、事情変更による解約については、きわめて例外的な場面にのみ認められうるものにすぎないと解すべきでしょう（後掲ニチバン事件参照）。

4 裁判例・命令などの紹介

○ 駿河銀行事件（東京高判平成2年12月26日労判583号25頁。第1審は東京地判平成2年5月30日労判563号6頁）
　→ 組合専従者に関する有効期間の定めのない労働協約の改定に関し、会社が、労働組合と十分な交渉に応じることなく同労働協約を一方的に解約したことを不当労働行為と認定した事例（第18講4でも紹介）。

○ 布施自動車教習所・長尾商事事件（大阪高判昭和59年3月30日労判438号53頁。第1審は大阪地判昭和57年7月30日労判393号35頁）
　→ 「会社が合併や解散、事務所の縮小、長期休業等従業員に重大な影響を及ぼす事項については事前に組合と協議決定する。」との事前協議条項が存在する有効期間の定めのない労働協約を会社が解約し、組合との事前協議をせずに会社解散による解雇に踏み切った件で、解約申入れは不当労働行為（支配介入）に該当するものとして、私法上も無効であるとした事例（なお、不当労働行為の私法上の効力については第16講参照）。

○ 岩井金属工業事件（大阪地判平成8年12月25日労判717号64頁）
　→ 会社が、組合掲示板の設置、事業場内における組合活動の保障および物品置場の供与等を中心的内容とする有効期間の定めのない労働協約を解約した件について、「労働協約に基づき、労働組合が便宜供与を受け、これを組合活動の拠点としているような場合には、労働協約を解約してこれらの便宜供与を打ち切ることは、組合活動、ひいては労働組合の団結権に対する重大な打撃となることはいうまでもないから、使用者としては、まず団体交渉において労働組合と合意に達するよう努力すべきであり、仮に一方的に解約せざるをえない場合においても、施設管理上の必要性等、何らかの合理的な理由に基づいてこれを行うことを要し、何ら合理的な理由に基づくことなく恣意的に行われた解約は、解約権の濫用として無効になると解すべきである。」として、会社による本件解約は、正当な組合活動を封ずるため恣意的に行われたものであることは明らかで、解約権を濫用したものとして無効であり、かつ、労組法7条3号の不当労働行為に該当するとした事例。

○ ニチバン事件（東京地判昭和54年6月7日労判322号27頁）
　→ 労働時間に関する有効期間の定めのない労働協約について、会社が、労組法15条3項・4項の適法な解約予告をせずに、事情変更を理由に破棄したことについて、事情変更の原則を労働者に不利益に適用することは、「本来使用者が自己の危険において負担すべき経済変動による経営上のリスクを相対的に経済的弱者の地位にある従業員労働者に転嫁する結果を往々にしてもたらし、憲法、労基法、労組法等によって実定法化されている労働者保護の理念に背馳することになる虞れが十分にあるのであるから、本件のような労働契約関係上の紛争に右原則を適用するに当たっては、裁判所は十分に慎重な態度をとるべきことを要請されているものといわなければならない。」として、当該破棄を無効とした事例。

第14講 労働協約の終了と余後効
労働協約が失効後もなお効力を有することはあるのか？

労働協約は、規範的効力（労組法16条⇒第11講）によって組合員の労働条件の内容となりますが、解約や有効期間の満了によって失効します（⇒解約等については第13講）。本講では、労働協約の失効により、それまで労働協約の規範的効力によって規律されていた労働条件がどのような影響を受けるのかを検討します。

Y社就業規則

第〇条（退職金）
　会社は、退職した従業員に対し、退職金を支給する。支給額は、退職時の退職金協定による。

A組合・Y社間労働協約
（平成20年度退職金協定）

　平成20年度の退職金の支給基準は、以下のとおりとする。
　この協定の有効期間は平成21年3月31日までとするが、一方当事者から改定要求がなければ、その後も1年間自動更新とする。

（Y社、平成26年12月31日をもって解約）

……その後、団体交渉を繰り返すも、なかなか協定締結に至らず。

　Y社では、就業規則上、退職金の具体的な支給基準を「退職金協定による」とのみ定め、これを受けて、社内組合であるA組合との間で平成20年度退職金協定を締結し、以後、これを更新してきました。
　平成20年度退職金協定では、基本給の月額全額を算定基礎に入れるものと定められていますが、その後Y社は、基本給をベースアップする代わりに、

退職金計算にあたっては、ベースアップ分も含めた基本給全部ではなく一部のみを算定基礎に加えるという取扱いに変更したいと考え、その旨、A組合に申し入れて協議しましたが、なかなか折り合いがつかなかったため、この退職金協定を平成26年12月31日をもって解約し、退職金協定は同日、失効しました。
　そして、その後も、A組合との間で団体交渉を行いましたが、いまだ新たな退職金協定の締結に至っていなかった中、A組合の組合員であるXが定年退職することになりました。
　結局、Xの退職時点で退職金協定は存在しないわけですが、支給基準がない以上、Y社はXの退職金を支払わなくてよいのでしょうか。仮に、退職金を支給しなければならない場合、Y社は何を根拠としてどのような基準によりXの退職金額を算出すべきでしょうか。これらの結論は、Y社が、平成20年度退職金協定を添付して就業規則を労働基準監督署に届け出ていた場合と、添付していなかった場合とで、異なるでしょうか。

1　背　景

　労働協約は、労使双方による労働条件の自主的・集団的設定を尊重するべく、使用者が一方的に定める就業規則や個々の労働契約よりも優先する効力が与えられています（就業規則との優劣につき労基法92条1項、労契法13条、個別労働契約につき労組法16条⇒第11講）。また、ユニオン・ショップ協定（⇒第20講）を締結している場合など、社内の大多数の従業員が労働組合に加入することが予定されているような会社では、就業規則ではなく労働協約によって詳細な労働条件を定めている場合もあります。
　このように、労働協約によって労働条件の具体的内容が定められている場合に、その労働協約が失効し、しかも、新たな労働協約が締結されない間、労働条件の内容はどうなるのか、「無」になるのか、当然に就業規則によることになるのか、それとも新たな労働協約が締結されるまで、従前の労働協約による規律が続くのか、これがいわゆる余後効と呼ばれる問題です。
　余後効は、労働協約の規範的効力をどのようにとらえるか（外部規律説と化体（内容）説⇒第11講）とも関連する問題であり、統一的な判例法理はいまだ存在せず、また、学説上もさまざまな見解が示されたまま推移しているとても難しい問題です。

2　「余後効」の有無と判例の考え方

　「余後効」というのは、ドイツ法の概念をそのまま日本に導入した（直訳した）もので、ドイツでは、「労働協約法」という法律の中で、労働協約の終了後も、他の取決めが新たになされない限り、従前の労働協約の効力を引き続き認めることが明記されています。

　これに対し、日本の労組法の中には、「余後効」を定めた条文はありません。労働協約上定めた有効期間が経過したり、労働協約が解約されたりすれば、法的には、その労働協約は当然に失効しますから、ドイツのように、法律上明確に「余後効」という特別な効力が定められていない以上、日本では、労働協約が「余後効」を当然に有するものと解釈することはできません（労働協約の規範的効力や一般的拘束力が、労組法によって付与されていて初めて認められる特別の効力であることと同じです）。

　他方で、冒頭の事例のように、一時的にたまたま労働協約が失効していた場合、労働協約に余後効がないからといって、失効と同時に以後、労働条件が一切定められていないものと扱うこと（Xが一切、退職金をもらえないとすること）の不都合性もまた明らかです。

　そこで、学説や判例法理では、「余後効」自体は否定するものの、「当事者の合理的意思解釈」という論理により、結果として「余後効」と同様の効果を導き、具体的事案における不都合性を極力回避しようと努めてきました。

　冒頭の事例は、香港上海銀行事件（最一小判平成元年9月7日労判546号6頁）の事案をベースとしたものであり（この事件では、会社は、就業規則に退職金協定書の写しを添付して労基署に届け出ていた、という前提事実がありました）、最高裁は、退職金協定の失効中に退職金支給時期を迎えた原告による、従前の退職金協定の支給基準に従って算定した退職金の請求を認容するにあたり、次のような考え方を明らかにしました。

① 　Y社の就業規則には、退職金は「支給時の退職金協定による」と定められているところ、Xの退職日の時点では、Xの属するA組合とY社との間で締結された本件退職金協定はすでに失効しており、これに代わる退職金協定は締結されていないので、Xの退職金額の決定についてよるべき退職金協定は存在しないこととなる。しかしながら、右労働契約上は、退職時に退職金の額が確定することが予定されているものというべ

きであり、右就業規則の規定も、Y社が従業員に対し退職金の支払義務を負うことを前提として、もっぱらその額の算定を退職金協定に基づいて行おうとする趣旨のものであると解されるから、A組合との間で新たな退職金協定が締結されていないからといって、Xについて退職時にその退職金額が確定せず、したがって具体的な退職金請求権も発生しないと解するのは相当でなく、労働契約、就業規則等の合理的な解釈により退職時においてその額が確定されるべきものといわなければならない。
② 就業規則は、労働条件を統一的・画一的に定めるものとして、本来有効期間の定めのないものであり、労働協約が失効して空白となる労働契約の内容を補充する機能をも有すべきものであることを考慮すれば、就業規則に取り入れられこれと一体となっている右退職金協定の支給基準は、右退職金協定が有効期間の満了により失効しても、当然には効力を失わず、退職金額の決定についてよるべき退職金協定のない労働者については、右の支給基準により退職金額が決定されるべきものと解するのが相当である。

このように、香港上海銀行事件最高裁判決では、Y社が解約した退職金協定が就業規則と一体のものとして届け出られていたという事実をふまえて、退職金協定自体は失効しても、なお就業規則と一体となった部分はその後も新たな退職金協定が締結されない限り就業規則の一内容として生き残ることが明らかにされました。

ただ、本判決は、あくまで失効した労働協約が就業規則化していると認められることを前提とした事例判断であり、労働条件がもっぱら労働協約でのみ定められ、他に就業規則にも労働契約にもどこにも具体的定めがないという事案でどのように考えるべきかについて、判例の考え方はなお不明です。

このほか、学説でも、労働協約は労働契約を外部から規律するものである（労働契約の内容そのものとなるわけではない）ことを前提とし（外部規律説⇒第11講）、労働協約が終了すれば、それによって労働条件の内容は一応空白となるものの、労働関係が継続していくためにはその空白を何らかの方法によって暫定的に補充する必要があり、就業規則、個別労働契約、労使慣行等の中に空白を補充する規範を見出せる場合には、それにより補充し（香港上海銀行事件最高裁判決は、就業規則に補充規範を見出しました）、見出せない場合には、従来妥当してきた契約内容をもって暫定的に空白部分を補充すると

いうのが、継続的契約関係の合理的な処理方法である、というのが代表的な見解になっています（菅野労働法702頁）。これは、労働契約の当事者（労使双方）としても、労働協約の終了によりただちに労働条件の定めがなくなることは望んでおらず、新たな労働協約が締結されるまでは、暫定的に、従前の労働協約の基準によるものと考えているはずだ（当事者の合理的意思解釈）、という理解が前提になっているものといえます。

ただし、香港上海銀行事件最高裁判決では、従前の労働協約の内容と就業規則の内容が一致していたため、補充規範を就業規則に見出したとしても結論の妥当性が維持されましたが、たとえば、従前の労働協約で定めた労働条件を著しく下回る内容の就業規則が残存していた場合（労働協約の締結後も就業規則を変更しないままとしていた場合）には、就業規則が存在するからといって当然にそれに補充規範性を見出すと、労働者にとって不当な結論となることがあります（これを認めると、使用者は、いつでも労働協約を解約し、協約に定めた条件よりも低い内容の就業規則を適用することによって、労働条件を切り下げることができてしまいます）。ここに、「当事者の合理的意思解釈」を前提として補充規範を見出すことの意義があります。

当事者の合理的意思解釈にあたっては、単に、就業規則や個別労働契約上の定めの有無を検討するだけでなく、その内容や、従前の労働協約の締結過程（就業規則等の定めを変更するために締結されたものであるかどうか等）をもふまえて、労使双方が（とりわけ労働者側が）、協約の失効期間中、何をもって暫定的な労働条件とすることを望んでいるかを適切にとらえて、補充規範を見出すことが重要です。協約が失効したからといって、ただちに、協約よりも低い労働条件を定めた就業規則を補充規範とすることは、少なくとも労働者側としては想定していないはずであり、このような場合は、就業規則があったとしても、従前の労働協約の基準を補充規範としてとらえる方が当事者の合理的意思に合致するものといえます。

たとえば、裁判例では、協約存続中に使用者が就業規則を協約に反する内容に変更していたという事案で、使用者側が就業規則を補充規範とすべきと主張したのに対し、裁判所は、「もともと新就業規則は本件労働協約に反して無効だったのであり、本件労働協約が失効したからといって、その効力が当然に復活することにはならない」から、「会社と組合との間で新たな労働協約が締結されるか、新たな就業規則の制定により労働条件の合理的改定が行われるまでの間は、労働契約当事者の合理的意思として、従前の労働条件

（旧賃金体系）が存続する」として、就業規則ではなく、従前の労働協約を補充規範とすべきとしたものがあります（佐野第一交通事件（大阪地岸和田支決平成14年9月13日労判837号19頁））。

3 実務上の対応のポイント

実務上は、「余後効」というものは存在しないという基本を理解することがまずは大切です。労組法の解説書では、ほぼ必ず「余後効」という用語が紹介されているためか、「余後効」が当然に存在するかのような前提での相談を受けることがありますが、それは誤りです。判例や学説は、「余後効」はないことを出発点として、ただ、具体的事案における妥当な結論を導くべく、当事者の合理的意思解釈を手がかりとして、何とか労働条件の空白を回避するようにしており、あくまでその結果として、「余後効」を認めた場合とほぼ同様の結論が得られる場合が多い、というだけのことです。

ただ、「当事者の合理的意思解釈」は、当該事案における具体的個別的判断によるため、きわめて不明確であり、結論の見通しが立ちにくいという重大な欠点があります。そのため、実務上は、そもそも「当事者の合理的意思解釈」に頼る必要がないように、労働協約の内容と常に合わせるかたちで就業規則を整備しておくか（前述のように、従前の労働協約と就業規則が同一内容なのであれば、空白期間中に就業規則を補充規範とすることは、特段の問題なく認められます）、もしくは、労働協約終了の後の取扱いについて、別途、労使間で合意しておいたりするなどして（たとえば、「有効期間を定めた労働協約について、その期間満了の1か月前までに会社または組合から改訂または解約の意思表示があり、かつ、新協約の締結に至らないまま有効期間が経過したときは、その後6か月に限り従前の労働協約を引き続き適用する。」というような内容の労働協約を別途締結するか、せめて従前の労働協約に附則として入れておくことが考えられます）、「余後効」の問題が生じないようにしておくことこそが大切です。

4 裁判例・命令などの紹介

○ 鈴蘭交通事件（札幌地判平成11年8月30日労判779号69頁・確定判決）
→ 2で紹介した学説上の考え方をそのまま導入したものとして、とても有名な裁判例。

タクシー会社において、月例賃金と一時金の支給水準を労働協約により決するものとされていたところ、平成5年3月15日付で労働協約（以下「本件協

約」という）を締結したが、その際、近い将来、運賃改定の認可が行われることが想定されていたことから、あくまで「現行運賃における労働条件に関し」本件協約を締結することを文面上明らかにしていた。その後、同年6月22日、運賃改定が実施されたため、労働組合と会社は賃上げ及び新労働協約の締結をめぐり団体交渉を行ったが、なかなか合意に達しなかったため、その間、会社が一時金を支払わないなどしたところ、組合員が、本件協約で定める基準に基づいて算出した一時金等を請求した。

裁判所は、「本件協約締結当時、平成5年6月22日の運賃改定以降も当然に本件協約を存続させるとの意思はなかったものと認められるから、本件協約は同日の運賃改定の実施をもって終了したものというべきである」としつつ、「本件協約自体が失効しても、その後も存続する原被告間の労働契約の内容を規律する補充規範が必要であることに変わりはなく、就業規則等の右補充規範たり得る合理的基準がない限り、従前妥当してきた本件協約の月例賃金及び一時金の支給基準が、原被告間の労働契約を補充して労働契約関係を規律するものと解するのが相当であり、他に補充規範たり得る合理的基準は見出し難い」として、組合員側の請求を全部認容した。

○ 学校法人大阪経済法律学園事件（大阪地判平成20年11月20日労判981号124頁）
→ 労働協約終了後の補充規範を見出せず、組合員側の請求が全部棄却された事例。
大学の教職員の賃金に関し、就業規則としての性質を有していた給与規程上、「教職員の職務に対する報酬としての俸給は、国家公務員の一般職の職員の給与に関する法律（以下「給与法」という）に定められた俸給表に準拠して支給する。」「昇給の期間、号俸又は額については、給与法に準拠する。」と定められていたものの、ある時期からは、給与法の内容と異なる取扱いがなされており、昭和55年以降、平成17年3月31日まで毎年、職種毎の給与体系表を含めた労働協約を締結し（平成17年3月31日まで有効だった労働協約を「04年度協約」という）、その中で、毎年異なる昇給率を決定していたという事案において、平成16年度の昇給交渉で、大学側は50歳以上で係長以下の専任職員を対象とする定期昇給の停止を提案したが、組合側はこれに反対し、以後毎年、大学側の同様の提案と組合側の反対が繰り返され、協約締結に至らなかった。そこで、大学が平成17年度と同額の賃金を支払い続けたところ、組合員側が、平成18年・平成19年度分の賃金につき、04年度協約の基準による昇給後の額との差額を請求した。裁判所は、年度毎に協約で昇給等の具体的内容を定めており、協約上も「04年度」のものであることが明確にされているから、翌年以降の昇給等についてまで定めたものとはいえず、「定期昇給について定めた労働協約が本件のようにその予定した期間を経過した場合、同協約は失効するところ、それに関して就業規則等でそれに関する定めがある場合には就業規則等が補充規範として合理的基準としての役割を果たす」が、本件の給与規程は長年にわたって適用されず形骸化しているため、補充規範にはなりえないとした。

第15講 不利益取扱いと支配介入の成立要件
不利益取扱いと支配介入はどのような場合に成立するのか？

　不利益取扱い（労組法7条1号）と支配介入（労組法7条3号）は、団体交渉拒否（労組法7条2号）と並ぶ不当労働行為類型であり（⇒Key word⑦）、実務上も頻繁に問題になるものです。どちらも非常に広い概念であり、また、使用者による1つの行為に対して、不利益取扱いと支配介入の両方が成立することも多くあります。
　本講では、不利益取扱いと支配介入の成立要件を整理してご紹介します。

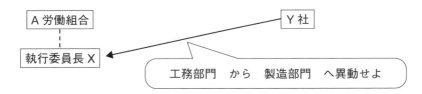

　工務部門・・・工場機械の保全、据付け、改善業務を担当する部署。
　　　　　　　大学または工業高等専門学校卒業者のみ採用。
　　　　　　　日勤（午前9時から午後5時15分まで）のみ。

　製造部門・・・工場での製造を直接担当する部署。
　　　　　　　単純作業が多いため、採用者の学歴は問わない。
　　　　　　　日昼夜三交替制勤務。

　Xは、Y社の従業員によって構成されているA労働組合の執行委員長です。A労働組合とY社の関係は、残念ながら、必ずしも良好なものではありません。
　このたび、Y社では、コスト低減計画の一環として部門の統廃合を行い、これに合わせて、人員配置も変更するべく、A労働組合の執行委員長であるXを、工務部門から製造部門に異動させようと思っています。工務部門と製

造部門は、採用ルートも異なっており、過去に工務部門から製造部門に異動した例はありません。また、Xは、入社以来、工務部門に所属しています。

　しかし、会社の配転命令権は広く認められ、高度の業務上の必要性は不要であり、誰を異動させるかという選択にあたっても、「余人をもって替え難い」というほどの事情は不要というのが判例法理です（後掲東亜ペイント事件最高裁判決）。今回の異動によって、Xの給与にはまったく影響がありませんし、勤務場所にも変更がありませんので、Xを異動させることに問題はないと考えてよいでしょうか。そして、配転命令が有効であれば、不利益取扱いや支配介入といった不当労働行為も成立しない、という理解で正しいでしょうか。

1　不利益取扱い（労組法7条1号）の成立要件

1　労組法7条1号の内容

　労組法7条1号は、
Ⅰ　不利益取扱い（前段）
　①労働者が
　　(1)　労働組合の組合員であること
　　(2)　労働組合に加入し、若しくはこれを結成しようとしたこと
　　(3)　労働組合の正当な行為をしたこと
　②(①) の故をもって
　③その労働者を解雇し、その他これに対して不利益な取扱いをすること
Ⅱ　黄犬契約（後段）
　　労働者が組合に加入せず、若しくは労働組合から脱退することを雇用条件とすること
を禁止しています。このうち、特にその解釈を正確に理解しておかなければいけないのは、Ⅰの②と③です（Ⅱについては、実務上問題になることはほとんどありませんので詳しい説明は省略します。このほか、労組法7条4号も報復的不利益取扱いを禁止しています。⇒Key word⑦）。

2　「不利益な取扱い」とは何か

　「不利益な取扱い」となりうる使用者の行為には、配転、降格、懲戒、解雇、雇止め、労働時間の変更といった労働者の法的地位に影響を及ぼす法律

行為だけでなく、退職勧奨、職場におけるいやがらせ、査定差別、昇進・昇格差別、使用者の言動等の事実行為も広く含まれます。

　不当労働行為の禁止は、団結権・団体行動権の保障を実効性のあるものにするため、労働組合の結成やその自主的な活動が抑制されないようにすることを目的としていますから、その目的を達成するためには、法律行為であるか事実行為であるかを区別することなく、使用者によるあらゆる行為を禁止の対象とする必要があります。そのため、不利益取扱いが成立する範囲は非常に広く解釈されています。

　また、「不利益」とは、必ずしも目にみえる具体的な人事上の措置（解雇、懲戒等）や経済的な不利益（賃金の減額等）に限られません。冒頭の事例は、中労委（西神テトラパック）事件（東京高判平成11年12月22日労判779号47頁）を参考としたもので、この事件で裁判所は、「不利益」性のとらえ方について次のように述べています。

> 　本件配転が不利益なものといえるか否かは、……当該職場における職員制度上の建前や経済的側面のみからこれを判断すべきものではなく、**当該職場における従業員の一般的認識に照らして通常不利益なものと受け止められ、**それによって当該職場における組合員らの組合活動意思が萎縮し、組合活動一般に対して制約的効果が及ぶようなものであるか否かという観点から判断されるべきものというべきである。

　そして、「本件配転により製造部門に配属され、その中でも機械の一オペレーターという、派遣労働者等をもって代替することが容易な、専門技術を要しない単純作業に従事することを命ぜられたこと」等は「従業員の一般的認識に照らして不利益であると受け止めるのが通常である」から不利益取扱いに該当すると結論づけました。

　このように、配転命令によって賃金や職務場所に変更がなく、従業員に経済的な不利益が生じない場合であっても（もしくは、職制上は栄転であったとしても）、労組法7条1号にいう「不利益な取扱い」に該当することがありますから、注意が必要です（後掲倉田学園（大手前高（中）校・53年申立て）事件、ゴンチャロフ製菓事件も参照）。

3　「故をもって」とはどのような意味か

　「故をもって」とは、文字どおり、不利益な取扱いが、上記①（労働者が

組合員であるか、組合に加入しもしくは組合を結成しようとしたか、または、正当な組合活動をしたか、のいずれか）を理由としてなされたことを意味します。たとえば、組合の執行部を懲戒処分に処す場合、それが当該従業員による重大な非違行為の存在を根拠としているのであれば、その懲戒処分は「不利益な取扱い」であるとしても、①以外の理由（重大な非違行為の存在）によるものである以上、不当労働行為には該当しません。①以外の理由であれば、組合への萎縮的効果はなく、組合の団結権等を不当に侵害するものではないため、不当労働行為として禁止する必要がないからです。

「故をもって」とは、いいかえれば、使用者の反組合的意図・動機としての「不当労働行為の意思」の存在を要件とするものといえます。ただ、純然たる使用者の主観をみるものではなく、諸事情に照らして（冒頭の例であれば、過去に工務部門から製造部門への異動がなされたことがないことや、Xを工務部門に異動させる業務上の必要性の程度、Xに対する異動命令がなされた経緯等）不当労働行為意思があったかどうかが判定されます。

では、反組合的意図・動機と正当な理由が併存する場合には、「故をもって」といえるのでしょうか。たとえば、会社が従前から敵対視していた組合の執行部が重大な非違行為を行ったため、それを契機として、職場から排除するべく懲戒解雇とする、というような場合です。これは、「理由（動機）の競合」の問題とされ、併存する理由のどちらが決定的（優越的）理由であるか、組合員でなかったとしても同様の処分となったかどうか、という観点から判断することになります。

4　私法上の効力との関係

冒頭の事例では、「配転命令が有効であれば、不利益取扱いや支配介入といった不当労働行為も成立しない、という理解で正しいでしょうか」という問題提起もなされていますが、この理解は誤りです。

配転命令の有効性（権利濫用該当性）と不当労働行為にあたるかどうかは直接的に関連するものではありません。確かに、配転命令は、東亜ペイント事件最高裁判決（最二小判昭和61年7月14日労判477号6頁）によって、使用者に広い裁量が与えられていることが明らかにされましたが、そうだとしても、不利益取扱いにあたるかどうかは別途、上記①から③の要件にのっとって判断されます。このことについて、前掲中労委（西神テトラパック）事件判決は、次のとおり述べて、配転命令の業務上の必要性があったことを理由に不利益

取扱いに該当しないとした中労委の命令を取り消した原審判決を維持しました。労組法上の不当労働行為制度は、労組法独自の目的によるものですから、不当労働行為にあたるかどうかも、労組法の見地から独自に判断することになるのです。

> 労組法が不利益取扱いを不当労働行為として禁止している趣旨が前記のようなところ（注：不利益取扱いが労働者らによる組合活動一般を抑制ないしは制約する効果を持つという点にあること）にあることからすれば、**本件配転が会社側の配転権の濫用により私法上違法、無効とされるものであるか否かの判断がそのまま不当労働行為の成否の判断につながるものでないことは**いうまでもないところである。

2 支配介入（労組法7条3号）の成立要件

1 労組法7条3号の内容

労組法7条3号は「労働者が労働組合を結成し、若しくは運営することを支配し、若しくはこれに介入すること」と「労働組合の運営のための経費の支払につき経理上の援助を与えること」（経費援助）を不当労働行為として禁止しています。

2 支配介入とは何か

支配介入とは、労働組合が使用者との対等な交渉主体であるために必要な自主性、独立性、団結力、組織力を損なうおそれのある使用者の行為をいい、総称して「組合の弱体化行為」ということができます。不利益取扱いのように組合（員）側に不利益を被らせる場合だけでなく、利益を与え、懐柔する行為をも禁止するものです。また、不利益取扱いのように、現実に不利益が生じた場合に限らず、弱体化の「おそれのある」行為が広く含まれます。

そのため、法律行為であるか事実行為であるかを問わず、あらゆる行為が支配介入に該当しうるといって過言ではありません。典型例としては、組合結成・加入の妨害、組合からの脱退勧奨、対抗的団体への支援、別組合の優遇（組合間差別）、反組合的発言、組合員に対する仕事外し、低査定、組合幹部の配転・解雇・懲戒処分、組合方針に批判的な内容の署名を集めることなどです。また、使用者（会社代表者）自身の行為だけでなく、上長による部

下に対する言動等も、支配介入に該当する場合があります（⇒第17講）。

使用者側としては、「支配介入」にあたらないようにするには、組合活動について、よいとも悪いともいってはいけないし、組合活動に言及すること自体を避けるべき、ということを十分に心得ておくことが大切です。

3 支配介入の意思は必要か

支配介入の成立要件を定める労組法7条3号には、同条1号における「故をもって」に相当する文言がないため、支配介入意思の存在（使用者の主観）は不要という考え方もあり、必ずしも判例法理が確立しているものとはいえませんが（⇒第17講②1参照）、東京地労委（日本アイ・ビー・エム（組合員資格））事件判決（東京高判平成17年2月24日労判892号29頁）は、次のように述べています。

> 労組法7条3号にいう支配介入の不当労働行為が成立するためには、**使用者側に主観的要件すなわち不当労働行為意思が存することを要する**というべきであるが、この不当労働行為意思とは、直接に組合弱体化ないし具体的反組合的行為に向けられた**積極的意図であることを要せず、その行為が客観的に組合弱体化ないし反組合的な結果を生じ、又は生じるおそれがあることの認識、認容があれば足りる**と解すべきである。そして、不当労働行為に該当するか否かは、その行為自体の内容、程度、時期のみではなく、問題となる行為が発生する前後の労使関係の実情、使用者、行為者、組合、労働者の認識等を総合して判断すべきものである。

4 不利益取扱いと支配介入の関連性

不利益取扱いと支配介入は、それぞれ独立した不当労働行為ですから、必ずしも連動するものではありません。不利益取扱いは個々の労働者（組合員）に対する行為であるのに対し、支配介入は労働組合そのものに影響を及ぼす行為であるという違いもあります。

しかし、使用者が特定の組合員に対して（とりわけ組合幹部に対して）不当労働行為意思を持って不利益取扱いを行えば、それが組合に対し萎縮的効果を及ぼし、組合の組織力を損なうことになりますから、結果として、支配介入にも該当することになるのです。

冒頭の事例のベースとなっている前掲中労委（西神テトラパック）事件判決でも、裁判所は、不利益取扱い該当性を肯定したうえで、さらに、「本件配

転は、前記のように組合の指導的立場にある（者）を組合活動の故に不利益に取り扱うことによって、反組合的意図に基づいて、組合員の組合活動に萎縮的効果をもたらすものにほかならず、労組法7条3号（支配介入）に該当する不当労働行為をも構成するものというべきである。」と述べています。

3 裁判例・命令などの紹介

○ 倉田学園（大手前高（中）校・53年申立て）事件（最三小判平成6年12月20日民集48巻8号1496頁）
  → 組合活動に積極的に関与していた教員を学級担任として選任しなかったことについて、「学級担任に選任されないことは、丸亀校の教員間の一般的認識の上で、学級担任としての適格性に消極的評価が示されたという受止め方がされていた」ことを前提とし、また、「前年度に学級担任でなかったのに新たに学級担任に選任された者は、全員が上告参加人の組合員以外の者であったこと」から学校側の組合活動を嫌悪する不当労働行為意思に基づく不利益取扱いであると判断した事例（原審・高松高判平成3年3月29日労判591号57頁は、教育目的達成のための業務上の必要性の存在を強調して、不利益取扱い該当性を否定していた）。なお、学級担任に選任されるか否かで、手当等の経済的待遇の差はなかった。
○ ゴンチャロフ製菓事件（東京地判平成8年2月15日労判690号53頁）
  → 組合員を、他の作業場所から隔離された環境の中で、生産工程に直接関与しない単純な作業であるとともに皮膚炎などに罹患するほどの作業条件での勤務を命じた点に不利益性を認めて、不当労働行為および支配介入該当性を肯定した事例。
○ 大阪市（職員アンケート調査）事件（中労委命令平成26年6月4日労判1093号92頁）
  → 大阪市が平成24年2月、市長名、交通局長名、水道局長名で所属部署の職員に対し、「労使関係に関する職員アンケート調査」として、「あなたは、組合に加入していますか」「あなたは、これまで組合に待遇等の改善について具体的に相談したことがありますか（現在組合に加入していない方も過去の経験でお答えください）。ある場合、その場所、時間帯はどうでしたか（なお、回答するか否かは自由です）」などの質問に回答させた事例。アンケートの趣旨を説明した文書には、任意の調査ではなく、業務命令として全職員に真実を正確に回答することを求めることや、正確な回答がなされない場合には懲戒処分の対象となりうること等が記載されていた。中労委は、「市は、内部告発等によって不適切な組合活動が行われている疑いがあったことなどから、市が考えるところの『労使関係の適正化』を図ることを目的として本件アンケート調査を実施したものと考えられるが、上記のとおり、実施方法が、

懲戒処分を伴う業務命令として早期回答を一方的に強制するものであり、質問内容も、組合活動全般にわたる無限定なものや組合内部の問題にわたっており、当時の労使関係に鑑みても、組合を弱体化する意図をもって実施されたものであったことからすれば、使用者が行う組合の実態調査としては、全体として行き過ぎた調査であったといわざるをえない。したがって、本件アンケート調査は、単なる情報収集を超えた組合活動に対する干渉行為に当たり、組合の組合員に動揺を与え、組合活動を萎縮させることにより、その団結を弱体化させる不相当なものであった」として支配介入に該当すると判断した。

第16講 不当労働行為の私法上の効果
解雇が不当労働行為に該当する場合、それだけで無効となるか？

　労組法は、不利益取扱い、団体交渉拒否、支配介入といった不当労働行為（⇒Key word⑦）が行われた場合の救済を、専門的行政機関としての労働委員会（⇒Key word⑧）による救済命令によって行うという制度設計にしています（27条参照）。

　そこで、不利益取扱いに該当する解雇が行われた場合に、解雇された組合員は、労働委員会に対して救済を申し立てるだけでなく、裁判所に対して直接、解雇無効を訴えることができるのか、すなわち、不利益取扱いに該当する解雇は、組合員（労働者）と使用者との間の労働契約上（私法上）においても無効となるのかが問題となります。また、団体交渉拒否といった不当労働行為は、労働組合や組合員に対する不法行為（民法709条）になりうるのかについても検討します。

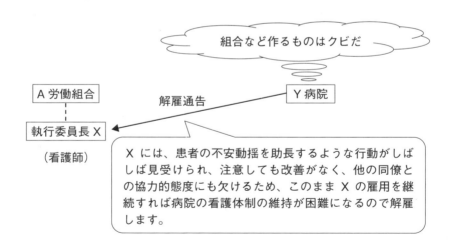

　この図の事例は、不当労働行為に該当することのみをもって解雇は無効となるかという問題についてのリーディングケースである医療法人新光会事件

（最三小判昭和43年4月9日民集22巻4号845頁）を題材としたものです。この事件では、Y病院から解雇を言い渡されたXは、労働委員会に救済を求めるのではなく、裁判所に対して雇用契約上の地位の確認を求める訴えを提起しました。

　裁判の中で、Y病院は、図に記載したような解雇理由を主張しましたが、審理の結果、それは事実無根であり、むしろ、XがA労働組合を結成したことを嫌悪して解雇した事実が明らかとなりました。そのため、控訴審判決は、Xの解雇の決定的原因は、Xの組合活動以外には見出せず、よって、「解雇の意思表示は、労組法7条1号に掲げる不当労働行為を構成し、無効である」と結論づけました。

　これに対して、Y病院は、「不当労働行為を構成すれば、なぜ解雇の意思表示が無効になるのか、その理由を示していないのは違法である」「労組法は、7条に掲げた使用者の行為について、同法27条による労働委員会の行政処分としての救済を与えるべきことを規定しているのであって、7条該当即無効という法律論をなしえないものである」ことを理由に上告しました。

1　背　景

　不当労働行為制度は、使用者が労組法7条各号の定める不当労働行為に該当する行為を行った場合の救済手段として、独自に、専門的行政機関である労働委員会を設置し、労働委員会は、行政処分として、積極的かつ柔軟な内容の救済命令を発することができるものと定め、使用者がこれに従わなかった場合には刑事罰を予定することでその実効性を担保しています（労組法28条「救済命令等の全部又は一部が確定判決によって支持された場合において、その違反があったときは、その行為をした者は、1年以下の禁錮若しくは100万円以下の罰金に処し、又はこれを併科する。」）。

　救済命令は、あくまで行政による解決策を示すものであり、それ自体が私法上の権利義務を直接設定したり、変更したりするものではありません。また、不当労働行為に該当する使用者の行為（解雇や配転命令等）が私法上（労働契約上、つまり、使用者と労働者という民・民の関係において）有効であるのか無効であるのかについても、法律上、一切規定がありません。労組法7条柱書は、使用者は不当労働行為をしてはならないと定めていますが、不当労働行為に該当する法律行為を行った場合に、それが有効なのか無効なのかに

ついては、何も述べていないのです。

　もっとも、不利益取扱いに該当する解雇等は、私法上も無効としなければ、組合員の真の権利救済を図ることができず、不当労働行為を禁止した趣旨が貫徹されないようにも思います。

　この問題に対する判例法理を確立したのが前掲医療法人新光会事件の最高裁判決であり、実務上も重要な判例ですから、その内容を理解しておくことが大切です。

2　不当労働行為の私法上の効力

　前掲医療法人新光会事件最高裁判決は、Y病院の上記の上告理由に対し、次のような判断を示して控訴審の判断を肯定し、上告を棄却しました。

> 　不当労働行為たる解雇については、旧労組法（昭和20年12月22日法律第51号）においては、その11条によりこれを禁止し、33条に右法条に違反した使用者に対する罰則を規定していたが、現行労組法（昭和24年6月1日法律第174号）においては、その7条1号によりこれを禁止し、禁止に違反しても直ちに処罰することはなく、使用者に対する労働委員会の原状回復命令が裁判所の確定判決によって支持されてもなお使用者が右命令に従わない場合に初めて処罰の対象にしている（同法28条）。しかし、**不当労働行為禁止の規定は、憲法28条に由来し、労働者の団結権・団体行動権を保障するための規定**であるから、右法条の趣旨からいって、これに**違反する法律行為は、旧法・現行法を通じて当然に無効**と解すべきであって、現行法において、該行為が直ちに処罰の対象とされず、労働委員会による救済命令の制度があるからといって、旧法と異なる解釈をするのは相当ではない。

　このように、最高裁は、不利益取扱い（労組法7条1号）に違反する使用者の法律行為は、私法上も当然に無効になることを明らかにしました。これにより、不当労働行為に該当すれば、それだけで解雇等の法律行為が無効になることが明らかにされました。解雇については、労契法16条が「客観的に合理的な理由を欠き、社会通念上相当であると認められない場合は、その権利を濫用したものとして、無効とする。」と定めていますが、労組法7条違反は、労契法16条による無効とは別個の、独立した無効原因となる、ということです（労組法7条の強行法規性）。

　不当労働行為に該当すれば私法上も無効となる理由について、上記判示部

分には一定の解釈論が述べられていますが、必ずしも理論的に精緻な分析がなされているとはいえず、結局のところ、憲法による労働組合の権利の保障をより確実なものとするためには、不当労働行為に該当する行為を私法上も無効とする方が望ましいという価値判断を前提とするものといえます。

医療法人新光会事件最高裁判決が示したこのような考え方は、判例法理として確立し、その後の裁判例においても完全に踏襲されています。

よって、解雇が不当労働行為に該当する場合、労働者（組合員）側は、

〔行政解決〕当該労働者（またはその加入する労働組合）が、労働委員会に対して、不当労働行為の救済の申立てをする。

〔司法解決〕当該労働者が、裁判所に対して、労働契約上の地位確認等を求めて提訴する。

のどちらも選択することができます。

さらに、労組法7条違反は、不法行為上の「違法性」の根拠ともなりますので、労働者側は、不当労働行為によって被った損害の賠償を請求することもできます（後掲大阪市（市労連ほか・組合事務所使用不許可処分取消等）事件参照）。使用者が任意に賠償しない場合には、裁判所に対し、不法行為に基づく損害賠償請求訴訟を提起することが可能です。もっとも、損害賠償請求が認められるためには、労組法7条に違反するだけでなく、それにつき、使用者に故意または過失があること、また、損害（無形損害も含む）が発生していることが必要になります（民法709条は「故意又は過失によって他人の権利又は法律上保護される利益を侵害した者は、これによって生じた損害を賠償する責任を負う。」と定めています）。労働委員会では、労組法7条違反が認められさえすれば、違反についての使用者側の認識や損害発生の有無を問わず救済されますので、この点で、行政救済と司法救済の差があります。

なお、労組法7条が強行法規として私法上の効力を有するといっても、あくまで同条に違反する行為を禁止し、それを無効にするにとどまり、それを超えてさらに、使用者に対する具体的な請求権を労働組合に付与するものではありません。よって、たとえば使用者が団体交渉の申入れを不当に拒絶した場合、労働組合が裁判所において、使用者に対し、労組法7条2号に基づいて「団体交渉請求」をすることはできません。裁判所では、団交拒否を不法行為ととらえて損害賠償請求をするか、または、「団体交渉を求めうる地位」の確認を請求することはできますが（労組法7条2号は、労働組合が団体交渉を求めうる地位を有することを認めていると解釈できます）、どちらも端的

な解決方法とはいえませんので、団体交渉の開催を直接的に求めるには、労働委員会に対して救済の申立てをすることになります。労働委員会の救済命令では端的に「団体交渉に応じなければならない」と命じられます。

3 実務上の対応のポイント

　労組法上は明文規定がないにもかかわらず、判例法理が労組法7条を強行法規と解し、同条違反の行為を私法上も無効としているのは、やはり、労働組合の有する権利が憲法という日本の最高法規で保障されていることに由来するものということができるでしょう（⇒Key word②）。使用者としても、労働組合の有する権利の重要性と、それを最大限保障しようとする法の姿勢を常に念頭に置いて対応しなければなりません。

　本講で紹介したように、不利益取扱い（労組法7条1号）や支配介入（労組法7条3号）に該当する行為は、端的に無効となり、その後の労使関係に重大な支障を来しかねませんから、当然のことながら、これに該当しうる行為を行わないよう細心の注意を払い、無用な紛争を招かないようにすることが大切です。

　特に、配転命令については、東亜ペイント事件最高裁判決（最二小判昭和61年7月14日労判477号6頁）が使用者の裁量を広く認めたことを前提として、安易な判断をしがちですが、不当労働行為が成立すればそれだけ無効になるという点にも留意し、不当労働行為（不利益取扱いや支配介入）の要件に該当しないかどうかも十分検討すべきです（後掲東京測器研究所（仮処分）事件参照）。

4 裁判例・命令などの紹介

○ 東京測器研究所（仮処分）事件（東京地決平成26年2月28日労判1094号62頁）
　　→　旧組合の執行委員長Xは、昭和58年4月にY社に入社して以来、東京本社で勤務してきたが、平成25年11月1日付で明石営業所への配転を命じられたため、当該配転命令は不当労働行為（労組法7条3号）に該当するとして、「明石営業所において勤務する労働契約上の義務を負わないこと」を仮に定める仮処分を求めて申し立てた事件。Xは旧組合の全日本金属情報機器労働組合（JMIU）からの脱退に1人反対し、組合における脱退決議の効力を争う姿勢

を示していたところであり、裁判所は、Xは「JMIU脱退決議の無効を主張し支部組合の存続のための活動を始めようとしていたところを、本件配転命令によって、明石営業所への転勤を余儀なくされ上記の活動を実効的に行うことが困難になる結果、支部組合存続の可能性がきわめて乏しくなるものと考えられるのであるから、本件配転命令は、支部組合の存続の可能性を失わせる結果をもたらす点で、外形的にみて、支部組合の運営に対する支配介入に当たるものと評価し得る」から、「本件配転命令は、不当労働行為に該当するため、違法であり、無効であると認められる」と結論づけて申立てを認容した。労組法7条3号が私法上も効力を有することを当然の前提とした仮処分命令であるといえる。

○ 大阪市（市労連ほか・組合事務所使用不許可処分取消等）事件（大阪地判平成26年9月10日労判1110号79頁）
→ 大阪市が、これまで市庁舎の一部を組合事務所として使用することを認めていたにもかかわらず、平成24年度以降、突然に不許可とする処分を行ったため、大阪市労働組合連合会、大阪市職員労働組合、大阪市従業員労働組合、大阪市学校給食調理員労働組合、大阪市学校職員労働組合（学職労）、大阪市立学校職員組合（学職組）が共同原告となって、大阪市に対し、当該不許可処分（平成24年度から平成26年度の3年分）の取消しと、違法な不許可処分による損害賠償（国家賠償法1条1項）を請求した事案。

大阪市は、平成24年8月1日に、大阪市労使関係に関する条例（以下「本件条例」という）12条を「労働組合等の組合活動に関する便宜の供与は、行わないものとする。」という内容に変更し、平成25年度以降は、当該条文の存在を不許可処分の根拠としていたが、裁判所は、本件条例12条は「明らかに職員の団結権等を違法に侵害するものとして憲法28条又は労組法7条に違反して無効というべき」と判断し、これをもって処分を適法化する理由とすることはできないとして、不許可処分を取り消した。そして、損害賠償請求に関しては、「原告らは、本件各不許可処分により、団結権等を侵害され、相当程度の無形損害を被ったことが認められるところ、その損害額は、不許可処分に至る交渉経過や、突然に本件事務室部分の明渡しを余儀なくされ、その運営に多大の支障が生じたことなど、本件に顕れた一切の事情を考慮すると、原告学職労及び同学職組においては、平成24年度不許可処分について25万円、平成25年度及び平成26年度各不許可処分について各5万円、その余の原告らにおいては、平成24年度不許可処分について50万円、平成25年度及び平成26年度各不許可処分について各10万円と認めるのが相当である。」と判断して、無形損害の賠償責任を肯定した（有形損害については、原告らが請求していなかった）。

第17講 使用者側の言動と支配介入
使用者の表現の自由と労働三権の衝突はどのように調整されるか？

　使用者のさまざまな行為が支配介入（労組法7条3号）に該当することは、これまで述べてきたとおりですが（⇒第15講）、支配介入の成否が問題となる典型的事例の1つに、使用者による発言や意見の表明があります。

　本講では、使用者の言動がどのような場合に支配介入に該当するのか、また、会社の代表者や法人理事以外の職制による言動はどのような場合に「使用者」の言動と同視されるのかについて検討します。

　　従業員の皆さん　　　　　　　　　　　　　　　　　　　Y社社長　A
　本年の賃上げ交渉も大変不幸な結果になってしまいました。
　経済界の変動が激しく、年間計画通りの成績をあげ得ることが出来ないのが状態であります。しかし我が社は昨年、一昨年のストライキ後遺症が、未だ癒えきらないで残っております。
　こうした状態ではありますが、本年度の皆さんの要求に対しては、支払能力を度外視して労働問題として解決すべく会社は、素っ裸になって金額においては、妥結した同業他社と同額を、その他の条件については相当上廻る条件を、4月15日提示しました。
　ところが組合幹部の皆さんは会社の誠意をどう評価されたのか判りませんが、団交決裂を宣言してきました。

> 　これはとりもなおさず、ストライキを決行することだと思います。私にはどうもストのためのストを行なわんとする姿にしか写って来ないのは、甚だ遺憾であります。
> 　会社も現在以上の回答を出すことは絶対不可能でありますので、重大な決意をせざるを得ません。
> 　お互いに節度ある行動をとられんことを念願いたしております。
>
> 　　　　　　　　　　　　　　　　　　　　　　　　　　　　　　　　以上

　Y社は、社内組合であるX労働組合との間で、毎年春闘の時期に団体交渉を行っています。今年も鋭意交渉を尽くし、最大限の増額提案をしましたが、X労働組合に受け入れてもらえず、団交決裂を宣言されてしまいました。

　Y社としては、会社の考えや会社が誠意を尽くしたことを何とか従業員全体にわかってもらいたいと思い、社長名で「従業員の皆さん」というタイトルの上記の声明文を全事業所に掲示しようと思いますが、何か問題があるでしょうか。また、もし問題があるとすれば、声明文の掲示に代えて、同趣旨のことを各事業所の所長から朝礼の場で従業員に伝えてもらおうと思いますが、それならよいでしょうか。なお、Y社とX労働組合はユニオン・ショップ協定（⇒第20講）を締結しています。

1　背　景

　使用者の言動が支配介入に該当するかどうかは、使用者の表現の自由（憲法21条1項）と、労働者（労働組合）の団結権（憲法28条）とをいかに調整すべきか、という問題です。

　特に、冒頭の事例のように、ストライキが行われるかもしれないといった状況では、それを避けるべく組合や従業員に対して積極的に働きかけを行い、何とかストを回避しようということが行われがちであり、経営を司る使用者としては、ある意味当然の行動ともいえます。

　もちろん、使用者も表現の自由を有していますが、それは労働者の団結権を侵害しない範囲でのみ行使することができます。労働者の団結権を侵害する使用者の行為は、労組法7条で類型化されていますから、7条3号の支配介入にあたるような言動、すなわち、組合の弱体化を招くような言動については、使用者の表現の自由の保障が一歩後退し、違法と評価されることになるのです。

使用者の言動の支配介入該当性は、その判断方法について最初の最高裁判決が出たのは昭和29年ですが（山岡内燃機事件（最二小判昭和29年5月28日民集8巻5号990頁））、最近でも、JAL（日本航空）の会社更生手続における会社側の発言が支配介入に該当するとされた事例も出ており（後掲東京都・都労委（日本航空乗員組合等）事件）、古くて新しく、常に問題になりうる重要なテーマだといえます。

2　支配介入該当性の判断基準

1　使用者自身による言動の支配介入該当性

冒頭の事例は、事実経過や社長声明文の内容も含めて、本講のテーマに関するリーディングケースであるプリマハム事件（東京地判昭和51年5月21日労判254号42頁）をベースに作成しました（ただし、冒頭の事例の社長声明文は、原文を一部省略しています。また、掲示しようとした会社側の動機は、筆者による創作です。同事件では、組合が決裂を宣言した団交の翌々日に、実際に全事業所にて社長声明文の掲示が行われました）。

この事件で、裁判所は、判断基準を次のとおり提示しました。

> およそ使用者だからといって憲法21条に掲げる言論の自由が否定されるいわれがないことはもちろんであるが、憲法28条の団結権を侵害してはならないという制約をうけることを免れず、**使用者の言論が組合の結成、運営に対する支配介入にわたる場合は不当労働行為として禁止の対象となる**と解すべきである。これを具体的にいえば、……**言論の内容、発表の手段、方法、発表の時期、発表者の地位、身分、言論発表の与える影響などを総合して判断し、当該言論が組合員に対し威嚇的効果を与え、組合の組織、運営に影響を及ぼすような場合は支配介入になる**というべきである。

この考え方を前提として裁判所は主に次のような点に着目しました。

- ユニオン・ショップ制を導入していることから、「従業員の皆さん」は、結局のところ、組合員全員を対象にしていることになる。
- 「組合幹部の皆さんは」という文言は、組合執行部の態度を批判することにより、執行部と一般組合員との間の離反を図るおそれがある。
- 「ストのためのスト」との文言をしているが、実際にはただちにストライキが行われるような状態ではないことを会社は認識していたし、また、団体交渉の進捗状況に照らすと、組合が決裂宣言をしたこともやむ

をえず、組合がいたずらに闘争一点張りに走る態度だったわけではない。
- 「重大な決意」との文言は、一般的にいって組合員に対する威嚇的な効果をもつことは否定できない。
- 「節度ある行動をとるように」との文言は、これまで会社が組合の争議方法について問題にしたことはなかったから、組合員に対するストライキ不参加の呼びかけというほかない。
- 声明文を掲示した後で、ストライキに反対する組合内部の動きが急に現れているから、執行部の方針に批判的な勢力に力を与えて勇気づけたといえる。

そして、以上を総合して考えると、「本件社長声明文は、ストライキをいつどのような方法で行うか等という、組合が自主的に判断して行動すべきいわゆる組合の内部運営に対する支配介入行為にあたると認めるのが相当である」と結論づけました。

この事件で、会社はあえて、声明文の宛名を「組合員」ではなく「従業員」とし、また、「重大な決意」という曖昧な文言を使用したものと思われますが、裁判所は、そのような形式的文言にとらわれることなく、組合への影響を実質的に判断しようとしていますし、また、声明文の発表前後の労使の動きにも着目していることがわかります。

さらに重要なのは、必ずしも使用者の真意を厳密に認定しているわけではないということです。使用者がどのように考えていたのか、ではなく、その言動によってどのような影響がありうるか、という結果に着目しています。これは、不利益取扱い（労組法7条1号）とは異なり、支配介入の成立にあたっては、支配介入の積極的意図（組合弱体化意図）は必ずしも必要ではないという解釈も成り立つことが前提になっているものといえます。この点に関して、前掲山岡内燃機事件最高裁判決は、「客観的に組合活動に対する非難と組合活動を理由とする不利益取扱の暗示とを含むものと認められる発言により、組合の運営に対し影響を及ぼした事実がある以上、<u>たとえ、発言者にこの点につき主観的認識乃至目的がなかったとしても</u>、なお労組法7条3号にいう組合の運営に対する介入があったものと解するのが相当である。」と述べています。

よって、冒頭の事例のように、純粋に「従業員に対して会社の気持ちをわかってもらいたい」という目的による言動であっても、それにより従業員が組合活動への積極的参加や執行部の支持を躊躇してしまう結果となる場合に

は、支配介入に該当することになります。「組合を弱体化させるつもりはなかった」ということは反論になりえませんので、表現方法や表現の時期には十分留意する必要があります。

2　使用者以外の者による言動の支配介入該当性

使用者側の言動と支配介入の成否については、支配介入該当性のほかに、会社の社長や法人理事以外の一定の立場にある者の言動について、どのような場合に「使用者」による言動として使用者（会社）が不当労働行為責任を負うことになるのか、という問題もあります。

この問題についてリーディングケースであるJR東海（新幹線・科長脱退勧奨）事件最高裁判決（最二小判平成18年12月8日労判929号5頁）は、同一労組内に意見対立が起こり、反対派が別組合を結成したという状況のもと、東京運転所の指導科長（組合員資格あり）の立場にあった者（従来からある組合に所属）が、同運転所に勤務していた者（別組合に所属）を誘って飲みに行き（両名は高校の先輩・後輩の関係でもあり、ときどき一緒に飲みに行っていた）、その場で、「会社による誘導をのんでくれ」「（別組合にこのままとどまるのであれば）あなたは本当に職場にいられなくなるよ」などと発言したという事案について、次のように判断しました。

> 労組法2条1号所定の使用者の利益代表者に近接する職制上の地位にある者が**使用者の意を体して**労働組合に対する支配介入を行った場合には、**使用者との間で具体的な意思の連絡がなくとも**、当該支配介入をもって**使用者の不当労働行為と評価することができる**ものである。

そして、科長の発言は、全体からみて、会社の意向に沿って上司としての立場からされた発言とみざるをえないものが含まれているから、

- （従来からある）労組の組合員としての発言である。
- 相手方との個人的な関係からの発言である。

といった特段の事情のない限り、会社の意を体してされたものと認めるのが相当であり、会社による支配介入に該当する、と結論づけました（特段の事情の有無について審理するため、原判決を破棄し差戻し。差戻審は、東京高判平成19年10月25日労判949号5頁）。

ポイントは、「使用者の意を体して」という部分です。

「使用者の意を体して」いるかどうかの最も重要な判断要素は、発言者の

立場であり、これまでの裁判例は以下のように整理できます。
○ 企業の代表者・法人の理事・更生管財人の発言
　⇒　当然に「意を体して」いる。
○ 人事・労務管理権限のある部長・課長等の発言
　⇒　これらの立場にある者は、使用者の方針を具体化する権限を立場上有していることから、原則として「意を体して」いると判断される。
○ 係長・主任等の下級職制の発言
　⇒　一概にはいえないが（判例法理もいまだ固まっていない）、会社人事への関与度合や、発言内容、発言の状況等から、使用者の「意を体して」いるかどうかを個別具体的に判断する。
○ 同僚の発言
　⇒　発言内容、発言の状況等から個別具体的に判断し、使用者の「意を体して」いるといえる場合には、「使用者」に帰責。

　冒頭の事例で、「声明文の掲示に代えて、同趣旨のことを各事業所の所長から朝礼の場で従業員に伝えてもらう」ことは、まさに、使用者の意を体している典型例ですから、これもまた、支配介入に該当することになります。

3　実務上の対応のポイント

　以上の整理をふまえると、使用者側の言動の支配介入該当性のポイントは、次のようにまとめることができます。

> ・　使用者の具体的意図は問わない点に注意。
> 　　弱体化意図が仮になくても、発言内容が組合や組合員の決定に影響し得るものであれば（現実に、威嚇効果や萎縮効果があったかどうかを問わない）、支配介入に該当する。
> ・　社長や理事以外の者の発言や、職場外での発言であっても、使用者が不当労働行為責任を負う場合があることに注意。

　支配介入は、その名のとおり、組合や組合員が自主的に決定すべき事柄について、使用者が「支配」したり「介入」したりすることを禁じるものです。よって、組合や組合執行部を批判するような攻撃的言動だけでなく、組合活動や組合の内部問題への「言及」も、自主的決定を損なうおそれがある場合

には支配介入に該当することになりますが、自主的決定を損なうかどうかの判断は非常に難しく（後掲の裁判例も参考にしてください）、仮に争われた場合には、結論が予測しにくいため、リスク管理の観点からも、発言には細心の注意を払うべきと考えます。

4 裁判例・命令などの紹介

○　東京都・都労委（日本航空乗員組合等）事件（東京地判平成26年8月28日労判1106号5頁）
　→　更生管財人（株式会社企業再生支援機構）が組合との事務折衝の際に、「ただいま、JFU（乗員組合）さんが争議権の確立に向けた投票が行われているというふうにお聞きしているんですけれども、争議権の確立について企業再生機構としての正式な見解を述べさせていただきます。争議権の確立は、労働者の権利として尊重します。ただ、一度、整理解雇を争点とした争議権が確立された場合、機構の出資後も争議権の行使により運航が停止して事業が毀損するリスクがきわめて高くなります。……したがって、企業再生支援機構としては、争議権が確立された場合、それが撤回されるまで、更生計画案で予定されている3500億円の出資をすることはできません。」などと発言したことについて、更生管財人による発言は「使用者」の行為に該当することを前提に、支配介入該当性を肯定した事例。裁判所は、「支配介入は、使用者が労働組合の結成・運営に対して影響力を行使する行為をすることで成立し、現実に労働組合の結成・運営に影響を及ぼすことは必要ではない。」とも述べている。

○　国・中労委（JR東日本大宮支社・常務発言）事件（東京高判平成26年9月25日労判1105号5頁）
　→　会社の常務が、社内行事（本社安全キャラバン）の挨拶において、懲戒解雇処分（別の組合員に対する強要罪（組合からの脱退や退社の強要）で起訴され、有罪判決を受けた組合員を懲戒解雇したもの）に異を唱える動きがあると聞いていると前置きしたうえで、「少なくとも社長がやったこと、会社がやったことに対して自分は違うぞと言うんであれば、それなりの覚悟をもってやっていただきたいし、会社としては、当然、遺憾に思っています。今日はそれぐらいに留めておきますけどね。」などと発言した事案。裁判所は、「覚悟」や「今日はそれぐらいに留めておきますけどね」との表現は、適切なものであったとはいいがたいものの、発言前に、「あとは社員1人ひとりの意思表示だから、会社がどうのこうのいう立場でない」旨前置きし、発言後に、会社も改めるべきは改めていくつもりであり意見を聞かせてもらいたい旨付言したことなどから、組合の組織や運営等に対する支配介入にはあたらないとした。ただし、限界事例であると思われる。

第18講 組合への便宜供与と支配介入
労働組合への便宜供与はどのような点に注意すべきか？

　使用者が組合に対して便宜を供与することは義務ではなく、むしろ、組合の自主性確保の観点からは違法ともなりうるところですが（労組法7条3号参照）、実際には、主として社内組合からの求めに応じて、組合集会用に一時的に会議室を貸したり、社内での組合掲示板の設置を認めたりすることは、円満な労使関係促進のため、しばしば行われるところです。

　もっとも、使用者の好意で行う便宜供与に関しても、ちょっとした対応が組合に対する支配介入（労組法7条3号）となる余地は大いにあることから（「支配介入」がきわめて広い概念であることについては第15講を参照）、どのような点に注意すべきかについて本講でまとめてご紹介します。

（Y社社長）

　Y社は以前、社内の組合であるX労働組合から、社内に組合掲示板を設置したいとの要求を受け、団体交渉を行った結果、最終的に、社内の廊下に組

合掲示板を設置することを受け入れ、掲示板の設置条件に関してX労働組合との間で次の内容の労働協約を締結しました。

> 1　掲示類は、組合活動の運営に必要なものとする。また、掲示類は、会社の信用を傷つけ、政治活動を目的とし、個人を誹謗し、事実に反し、又は職場規律を乱すものであってはならない。
> 2　会社は、組合が前条に違反した場合には、掲示類を撤去し、掲示場所の使用を取り消すことができる。

　その後、Y社は、X労働組合の組合員であるAに対して配転を命じたところ、それが無効であるとしてAが提訴し、地裁、高裁と争いましたが、残念ながら敗訴してしまいました。Y社は、上告するかどうか鋭意検討したものの、確たる上告理由がないという結論になり、また費用対効果も考え上告しないことに決定しました。

　すると、その数日後、組合掲示板に、「速報！会社は上告を断念！自らの過ちを認めた！まずは組合とAに謝罪すべき！」という内容のビラが掲示されました。

　Y社としては、上告しなかったことは事実ですが、配転命令が違法であったことを積極的に認めたわけではなく、誤解を生むようなビラが掲示され続けると社内秩序が乱れかねませんので、撤去したいと考えています。上記の労働協約の第1項の「事実に反し、又は職場規律を乱すもの」に該当するとして、第2項に基づき、Y社がビラを掲示板から撤去しても問題ないでしょうか。

1　背　景

　組合に対する便宜供与は、義務的団交事項に含まれますが（⇒義務的団交事項の範囲については第6講、第19講を参照）、団体交渉の結果、使用者が組合の要求する便宜供与を受け入れなくても、そのこと自体が不当労働行為に該当するわけではありません。

　ただ、日本では、企業ごとに労働組合が組織され、企業の円滑な運営にあたり企業内組合が従業員の代表として重要な役割を果たしていることにも鑑み、実際には、ある程度の便宜供与が行われているケースが多いようです。厚生労働省の平成23年労働協約等実態調査（現時点で公表されている最新

の調査結果です）によれば、調査対象となった全国約4100の労働組合のうち、就業時間中の組合活動については71.3%が、組合の企業施設利用については68.3%が、組合専従者の取扱いについては57.3%が、何らかの取り決めを労働協約の中で定めていると回答しています。

便宜供与の典型例は、組合掲示板の貸与・設置許諾のほか、会社施設内での組合集会の許容、組合専従・組合休暇の許容、チェック・オフ（⇒第21講）等ですが、ここでは、組合掲示板の貸与を例に、便宜供与と支配介入の関係を整理します（⇒使用者の施設管理権については第19講）。

2 支配介入に該当するか否かの整理

1 「支配介入」（労組法7条3号）とは

支配介入に該当するのは、次のような行為です（⇒詳しくは第15講）。
- 労働組合を懐柔ないし弱体化する行為。
- 労働組合の自主的運営・活動を妨害する行為。
- 労働組合の自主的決定に干渉しようとする行為。

2 現在、組合掲示板の利用を認めていない場合

(1) 今後も利用を認めないことは、原則として支配介入にあたらない

現時点で組合掲示板の利用を認めていない場合に、今後も利用を認めないことが支配介入にあたるか、については、原則として支配介入にあたらない、というのが結論です。

なぜなら、使用者は、広範な施設管理権を有しており、労働組合はあくまで使用者の許諾を得た場合に限って、企業施設内で組合活動をすることができるからです（国鉄札幌運転区事件（最三小判昭和54年10月30日民集33巻6号647頁）⇒第19講）。企業施設内においては、組合活動の自由よりも施設管理権が優先し、組合掲示板の利用を認めるかどうかは、使用者が自由に決定することができます（施設管理権の濫用にあたる場合を除きます）。

裁判例でも、組合集会のための食堂の使用許可願いを会社が不許可とし、かつ、それでも組合が使用したため中止命令や警告をしたことについて、そもそも組合には施設利用権はなく、組合側にも真摯に協議する姿勢がなかったこと等を理由として支配介入にあたらないとした事例や（池上通信機事件（最三小判昭和63年7月19日労判527号5頁））、組合が就業時間に一部食い込む

かたちで使用者の許可なく職場内で集会を行ったことに対する警告文の交付は支配介入にあたらないとした事例（済生会中央病院事件（最二小判平成元年12月11日民集43巻12号1786頁））があります。

(2) 例外的に支配介入にあたる場合
① 他の労働組合には組合掲示板の利用を認めている場合

組合事務所の貸与が問題となった日産自動車事件最高裁判決（最二小判昭和62年5月8日労判496号6頁）は、次のように述べて、支配介入該当性を肯定しました。

> （組合事務所を）**貸与するかどうかは原則として使用者の自由**に任されているということができる。しかし、同一企業内に複数の労働組合が併存している場合には、使用者としては、すべての場面で各組合に対し中立的な態度を保持し、その団結権を平等に承認、尊重すべきであり、各組合の性格、傾向や従来の運動路線等のいかんによって、一方の組合をより好ましいものとしてその組織の強化を助けたり、他方の組合の弱体化を図るような行為をしたりすることは許されないのであって、……この**使用者の中立保持義務は**、……**便宜供与の場面においても異なるものではなく**、……使用者が一方の組合に組合事務所等を貸与しておきながら、他方の組合に対して一切貸与を拒否することは、そのように両組合に対する取扱いを異にする**合理的な理由が存在しない限り**、他方の組合の活動力を低下させその**弱体化を図ろうとする意図を推認させるもの**として、**労組法7条3号の不当労働行為に該当する**と解するのが相当である。

使用者は中立保持義務を負うことから（⇒第9講）、すでに別の労働組合に対して組合掲示板の利用を認めている場合には、それとの取扱いを異にする合理的な理由がない限り、新たな労働組合にも利用を認めなければなりません（事務所の貸与について、組合員がたった2人しかいないことは、取扱いを異にする合理的理由にならないとした事例として、灰孝小野田レミコン事件（最三小判平成7年10月3日労判694号26頁））。

② 弱体化意図がある場合

組合排除を理由としてあえて許可しないなど、弱体化意図のもとに利用を認めない場合は、他の労働組合に掲示板の使用を認めているかどうかにかかわらず、それだけで支配介入に該当します。

このように、利用を認めるかどうかは自由ですが、利用を認めない場合に

は、施設管理権の観点からその理由を説明できるようにしておくことが大切です。

3　すでに組合掲示板の利用を認めている場合
(1)　利用を一方的に中止させることは、原則として支配介入にあたる

　組合に対して掲示板の利用を認めると、その後、合理的理由なく一方的に中止したり、撤去したりすることは、原則として支配介入にあたると考えられています。労働協約などによって積極的に利用を認めた場合だけでなく、黙認していた場合や、労使慣行がある場合も広く含みますので注意が必要です。いったん認めた利用が中止されれば、組合にさまざまな不便が生じることは明らかですから、合理的理由のない限り、それは組合を弱体化させる行為ということになるのです。また、合理的理由がある場合であっても、相応の予告・猶予期間を置いたり、理由を説明したりすることが必要です。

　裁判例では、「原告会社が組合に対し右掲示板の使用を許諾し、組合が実際にこれを使用して組合活動の手段としている以上、原告会社は合理的な理由もなくその撤去を求めることは許されない」と明確に述べて支配介入の成立を認めた事例があります（岩井金属工業事件（東京地判平成8年3月28日労判694号65頁））。

　また、使用者による掲示板の撤去等について、組合が、不当労働行為ではなく、不法行為であると訴えた事例では、裁判所は、「会社の労働組合に対する便宜供与は、これが長期間反復・継続して行われ、労使間において事実上の行為準則として機能している場合において、会社がこれを破棄するためには、労働組合に対し、破棄の合理的理由を示して、当該準則変更のための交渉を行うべきであり、このような手続を履践せずに便宜供与の破棄を行う場合には、その目的・態様等によっては、労働組合に対する団結権の侵害として違法と評価でき、不法行為が成立することもある」と述べています（太陽自動車・北海道交通事件（東京地判平成17年8月29日労判902号52頁））。

(2)　掲示板からのビラの撤去が支配介入にあたるかどうかの判断方法

　では、掲示板からの特定のビラの撤去については、どのように考えられるでしょうか。

　冒頭の事例のベースとなっているJR東海（掲示物撤去）事件（東京高判平成19年5月30日労判949号83頁）では、裁判所は、支配介入該当性を労働協約上の撤去要件を満たすかどうかと関連させ、撤去要件を満たさない場合には支

配介入にあたると述べています。また、撤去要件を満たすかどうかは、形式的にみるのではなく、ビラの内容、掲示板が設置されている位置等の諸事情に照らして、具体的かつ実質的に検討すべきであり、その検討にあたっては、次の点に注意すべきと述べています。

- 当該掲示物が全体として何を訴えようとしているかを考慮すべきであって、当該掲示物の記載内容のうち細部の記載内容のみにとらわれることがあってはならない。
- 仮に形式的に撤去要件に該当するとみられる場合であっても、当該掲示物の掲示が実質的に会社の運営等に与える支障の内容、程度、さらには、当該記載内容が真実であるかどうかなどの事情に照らして、当該掲示物を掲示した行為が正当な組合活動として許容される範囲を逸脱していないと認められるときは、その撤去は不当労働行為にあたる。
- 記載された事実または記載された意見が前提としている事実が真実であるかどうか、真実とは認められない場合であっても、組合がそれを記載したことに相当の根拠、理由があるかどうかも検討する。
- 掲示物の設置されている場所（顧客や一般第三者が閲覧することができるような場所かどうか等）、ひいてはその主たる読者が誰であるかという事情をも考慮する。

　これらの点をすべて具体的かつ総合的に判断したうえで、冒頭の事例とほぼ同内容のビラの撤去について、裁判所は、掲示物の全体の趣旨からすると、会社の信用を傷つけるとか事実に反すると評価するのは相当でないから撤去要件に該当するとはいえない、として支配介入にあたると判断しました。

　このように、掲示板からのビラの撤去にあたっては、非常にさまざまな事情を考慮する必要があること、また、一見、労働協約上の撤去要件に該当すると思われる場合であっても、裁判所では、組合活動の自由に必要以上の制約をかけることのないよう撤去要件を限定的に解釈する傾向にありますので、安易に撤去しないよう注意すべきです。

　また、同一内容のビラを以前は撤去しなかったのに、今回は撤去するというような一貫性のない使用者側の対応は、合理的理由がない限り支配介入に該当すると判断されます。

3 実務上の対応のポイント

　以上の検討をふまえると、掲示板の貸与を含め、便宜供与を認めるかどうかはあくまで使用者側の自由ですが、いったん認めた後に、中止したり剥奪したりすることは、きわめて制限されるということができます。

　注意点をまとめると、次のようになります。

> - 新たに便宜供与を与える場合には、慎重に。いったん与えると、その後の撤回はハードルが上がるし、撤回自体が認められる場合であっても、丁寧な対応が求められることになる。
> - 便宜供与を認めるとしても、許可要件については、労働協約などで具体的かつ明確に約束しておくべき。
> - 労働組合が複数存在する場合は注意。中立保持義務を遵守。
> - 掲示板からのビラの撤去は、複雑な判断が求められることになる。ビラの内容、掲示場所等を十分考慮して、慎重に。また、撤去できる場合であっても、まずは組合に対して任意の撤去を求めるべき（使用者がただちにビラを撤去できるかどうかについて、自力救済の禁止との関係は菅野労働法729頁を参照）。
> - 便宜供与に対する対応は統一的に。いたずらに過去の運用を変えないように。

4 裁判例・命令などの紹介

○　JR東海（掲示物撤去）事件（東京高判平成19年5月30日労判949号83頁）
　→　冒頭の事例のモデルとした裁判例。掲示されていたビラには、ほかに、会社が組合の組織破壊のための怪文書を作成し配布していることを暗に示して批判したものや、会社が新幹線の車両故障の原因を従業員に責任転嫁するために始末書作成を強要したなどと批判したものもあり、これらについては、会社の信用を著しく傷つけるものであり、記載が真実であるとか、記載したことに相当の根拠・理由があったとも認められないから、正当な組合活動として許容されないため、それを撤去しても不当労働行為にはあたらない、と結論づけた。
　　なお、組合掲示板の掲示物撤去に関する近時の同趣旨の裁判例として、国・中労委（JR東日本・八王子地本）事件（東京地判平成26年1月27日労判1093号27頁）がある（支配介入該当性肯定）。

○ 駿河銀行事件（東京地判平成 2 年 5 月 30 日労判 563 号 6 頁、東京高判平成 2 年 12 月 26 日労判 583 号 25 頁で原審判断を是認）
　→　組合専従に関する労働協約を会社が一方的に破棄したことが支配介入にあたるとされた事例（事案は第13講の冒頭事例参照）。
　　会社側は、使用者は専従協定の締結を法律上義務づけられるものではないから、いったん締結した協定を解約することも権利の行使であって不当労働行為になることはないと主張したが、裁判所は、「協定を解約することが使用者の権利であることは当然であるが、この解約権の行使がことさら組合に不利な時期を選ぶなど、専ら組合に打撃を与える目的でされた場合には、権利の行使であっても支配介入行為として不当労働行為に該当するというべきである」として会社側の主張を排斥した（労働協約の解約について詳しくは第13講参照）。
　　このように、会社に義務のないことや、権利を行使する場合であっても、組合を弱体化させる効果を伴う場合には広く支配介入が成立しうることに十分留意すべきである。

第19講 使用者の施設管理権と組合活動
会社施設内での組合活動は容認しなければならないか？

　使用者は会社施設を管理する権限（施設管理権）を有しています。会社施設内で行われる組合活動は、おのずと使用者の施設管理権と抵触することになりますが、使用者の施設管理権と労働組合の組合活動の自由は、どちらが優先され、どのように調整されるのかを本講では検討します（会社施設外での組合活動の自由とその限界については第22講参照）。

Ｙ社への要求書及び団交申入書
　　　　　　　　　　　ＸユニオンＹ社支部
　社内に組合の掲示板を置かせてほしい。社内組合であるＡ組合の掲示板がすでにあるのだから、当組合の掲示板の設置も認めるべきだ。
　上記要求について団体交渉を申し入れる。

　Ｙ社は、個人加入型組合であるＸユニオンＹ社支部から、上記の「要求書及び団交申入書」を受領しました。Ｙ社の全従業員100名のうち、Ｘユニオンの組合員は現在3名しかおらず、組合員をもっと増やしたいと考えているようです。
　たしかに、要求書に書かれているように、Ｙ社には、社内組合であるＡ労働組合があり、その組合員数は現在約70名です。Ｙ社とＡ労働組合とは、協調関係にあり、数年前から組合掲示板を社内に置いています。
　Ｙ社は、Ｘユニオンからのこの要求に応じなければならないでしょうか。Ａ労働組合に掲示板の設置を認めていることから、Ｘユニオンに対しても当然に認めなければならないのでしょうか。また、そもそも、この団体交渉に

応じる義務はあるのでしょうか。

1 背　景

　本講では、主に企業施設内で行われる組合活動について、使用者の有する施設管理権とどのように調和すべきかを検討します。

　かつて社内組合の活動がさかんだった時代には、組合活動の拠点は当然に社内であり、社内での組合活動を使用者がどの程度容認すべきかが争われた裁判がたくさんありました。裁判で問題になった主な組合活動は、掲示板の設置のほか、組合事務所の貸与、社内でのビラ配布・ビラ貼付、社内での組合集会の開催などです。

　しかし、近時は、冒頭の事例のように、社内組合は会社と協調的である一方で、それに異を唱える一部の社員が社外の個人加入型組合（⇒Key word⑥）に加入するということが増えてきました。このような場合には、Xユニオンのように社内における組合員数がそもそも少ないため、会社施設内で大々的に組合活動を行うことはあまりありませんが、冒頭の事例のように、組合活動に関する要求を受けることはありえます。要求を受けた際に慌てることのないよう、過去の裁判例をふまえて対応方針を確認しておくことが重要です。

2 論点の整理

　企業施設内での組合活動に関して問題になる主な論点には、以下のものがあります。

　① 組合活動への便宜供与を要求事項として申し込まれた団体交渉に、使用者は応じなければならないか。
　⇒ 義務的団交事項の範囲の問題です。
　② 社内における掲示板の設置や組合事務所の貸与について、使用者は組合からの要求に応じなければならないか。
　⇒ 使用者の施設管理権と組合活動の保障との調整の問題です。
　③ 使用者の許可なく組合が施設を利用し、それによって使用者の業務に支障が生ずるなどの損害が生じた場合、使用者は組合に対して損害賠償を請求することができるか。
　⇒ 組合の活動に民事免責（労組法8条）が及ぶかどうか、すなわち組合

活動の正当性が問題となります。
④　使用者の許可なく社内で掲示板を設置したりビラを配布したりした組合員に対して懲戒処分をすることができるか。
⇒　懲戒処分の有効性（労契法15条）だけでなく、そのような処分をすることが不利益取扱い（労組法7条1項）・支配介入（同条3号）にあたらないかが問題となります。
⑤　要求に応じるかどうかを組合ごとに変えても問題がないか。
⇒　使用者の中立保持義務に関連して、組合間差別が支配介入（労組法7条3号）にあたらないかが問題となります。

3　論点ごとの検討

上記で整理した論点ごとに裁判例をふまえて基本的な考え方を整理します。

①　義務的団交事項の範囲

使用者が団交応諾義務を負う団交事項、すなわち義務的団交事項とは、「労働組合の組合員の労働条件その他の待遇及び労働組合と使用者との間の団体的労使関係に運営に関する事項であって、使用者に処分可能なもの」をいいます（⇒詳しくは第6講）。

組合活動への便宜供与は、この定義のうち「使用者との間の団体的労使関係の運営に関する事項」に該当しますので、義務的団交事項に含まれます。

後記②のとおり、便宜供与に応じるかどうかについては、基本的に使用者が自由に決定することができますが、物理的な問題などから、明らかに要求に応じられない場合であっても、その理由を団体交渉の場できちんと説明しなければなりません。

よって、冒頭の事例では、Y社は団交要求に応じる義務があります。

②　使用者の施設管理権と組合活動の保障の調整

この論点に関するリーディングケースである国鉄札幌運転区事件の最高裁判決（最三小判昭和54年10月30日民集33巻6号647頁）は、以下のように述べています。

> 労働組合が当然に使用者の所有し管理する企業施設を利用する権利を保障されているということはできず、労働組合による企業施設の利用は、本来、使用者との団体交渉等による合意に基づいて行われるべきものであって、労働組合にとって利用の必要性が大きいことのゆえに、労働組合又はその組合員において企業施設を使用者の許諾なしに組合活動のために利用し得る権限を取得し、また、**使用者において労働組合又はその組合員の組合活動のためにする企業施設の利用を受忍しなければならない義務を負う**と解すべき理由はない。

つまり、使用者は、労働組合からの要求があればただちに便宜供与に応じなければならないわけではなく、仮に組合側の必要性が高い場合であっても、要求に応じるかどうかは、使用者が自由に決定できるということです。

このように、使用者の施設管理権と組合活動の保障の調整では、使用者の施設管理権の方が優先します。

就業規則において、使用者の許可なく事業場内でビラを配布することを禁じる旨をあらかじめ定めておくこともももちろん可能です。

③ 使用者の許諾なき会社施設内組合活動の正当性

②で紹介した国鉄札幌運転区事件最高裁判決は、上記判示部分に続いて、以下のとおり述べています。

> 労働組合又はその組合員が使用者の許諾を得ないで企業施設を利用して組合活動を行うことは、これらの者に対しその**利用を許さないことが当該企業施設につき使用者が有する権利の濫用であると認められるような特段の事情がある場合を除いて**は、当該企業施設を管理利用する使用者の権限を侵し、企業秩序を乱すものであり、**正当な組合活動に当たらない**。

このように、使用者の許諾を得ないでなされた施設内での組合活動は、原則として正当性が認められないため、民事免責（労組法8条⇒第22講）が及ばず違法となります。よって、使用者が損害を被った場合には、組合に対してその賠償を請求することができます。

上記判決のいう「特段の事情」とは、組合との交渉状況や労使慣行、他の組合や従業員等への使用許諾の状況等をいうものと理解できますが、使用者の施設管理権はかなり広くとらえられますので、特別の事情が認められるケースは非常に限定されていると考えて問題ありません。

④ 懲戒処分の可否

上記判決のとおり、使用者の施設管理権を侵害する組合活動は、企業秩序を乱すものであり正当性がないため、そのような行為を行った組合員が従業員である場合には、就業規則上の定めに基づいて懲戒処分をすることが可能となります。

組合活動として行った従業員の行為について使用者が懲戒処分をした場合、その有効性に疑問をもつ組合員の争い方としては、

(i) 懲戒処分が無効であることの確認を求めて裁判所に提訴する
(ii) 懲戒処分が組合を嫌悪し、弱体化する目的でなされたものであるとして不利益取扱い（労組法7条1号）・支配介入（同条3号）に該当するとして労働委員会に対し救済の申立てをする

の2つがあります。

まず、懲戒処分の有効性判断にあたり、裁判所は、外形上施設管理権が侵害されていればただちに有効とするのではなく、その侵害によって企業秩序がどの程度乱れたのかを具体的に検討する傾向にあります。そして、使用者の許可のない組合活動が行われたとしても、行為態様や行為後の状況等に一切の事情をふまえ、それが企業秩序に与える不利益が小さい場合には、就業規則を限定解釈する（「<u>職場秩序を乱すおそれのある</u>ビラを会社内で配布してはならない」というように、下線部分は就業規則上明記されていないものの、懲戒事由とした趣旨を読み込む等）ことによって懲戒事由への該当性を否定したり（後掲倉田学園（大手前高（中）校・53年申立て）事件を参照）、懲戒処分の相当性を否定したりしていますので、懲戒処分をする際には、企業秩序にどの程度の悪影響を与えたのかを具体的にふまえて処分の可否や軽重を決定することが重要です。

また、懲戒処分が組合を嫌悪する意思によってなされた場合や、組合を弱体化する意思によってなされた場合には、不利益取扱いや支配介入に該当します。懲戒処分の有効性と不当労働行為の成否は一応区別されますが、懲戒処分が無効である場合には、組合嫌悪意思や弱体化意思の存在が認められる可能性が高まるでしょう。

⑤ 組合間差別の可否

会社が、多数組合には事業場内の部屋を組合事務所として貸与していたにもかかわらず、少数組合には貸与しなかったため、少数組合がこのような貸

与差別は支配介入にあたると主張した事案において、最高裁は、貸与するかどうかは使用者が自由に決定できることを前提としつつ、次のように述べて少数組合の主張を認めました（日産自動車事件（最二小判昭和62年5月8日労判496号6頁））。

> 使用者の中立保持義務は、組合事務所等の貸与といういわゆる便宜供与の場面においても異なるものではなく……使用者が、一方の組合に組合事務所等を貸与しておきながら、他方の組合に対して一切貸与を拒否することは、そのように両組合に対する取扱いを異にする合理的な理由が存在しない限り、他方の組合の活動力を低下させその弱体化を図ろうとする意図を推認させるものとして、労組法7条3号の不当労働行為に該当する……。

このように、裁判所は組合ごとに取扱いを異にすることを原則として違法（労組法7条3号違反）としていることに注意が必要です（⇒使用者の中立保持義務について詳しくは**第9講**を参照）。

上記判決のいう合理的な理由の有無は、一方の組合に貸与されるに至った経緯、貸与についての条件設定の有無・内容、他方の組合に対する貸与をめぐる団体交渉の経緯および内容、企業施設の状況、貸与拒否が組合に及ぼす影響等の諸般の事情を総合考慮して決せられます。たとえば、灰孝小野田レミコン事件最高裁判決（最三小判平成7年10月3日労判694号26頁）は、事務所の貸与について、組合員がたった2人しかいないことがただちに取扱いを異にする合理的理由にはならないとしています。

これに対し、使用者が最初はすべての組合に対して貸与を拒否し、それについて両組合とそれぞれに団体交渉を行った結果、一方の組合とは使用条件が合意できたので労働協約を締結して許可したというような経緯がある場合には、その許可は一方の組合が交渉の結果勝ち取ったものですから、取扱いの差異に合理的理由が認められうるといえます。

また、上記の日産自動車事件は、併存する組合がいずれも社内組合であったという点を考慮すべきです。もちろん社外組合であるというだけでは合理的理由になりえませんが、社内組合であるか社外組合であるかによっておのずと社内秩序への影響には差があると思われますので、許可条件に差を設けるなど、取扱いを異にする合理的理由は見出しやすいのではないかと思います。

4 実務上の対応のポイント

　上記日産自動車事件の最高裁判決は、判断の冒頭で「労働組合による企業の物的施設の利用は、本来、使用者との団体交渉等による合意に基づいて行われるべきもの」と述べています。このように、施設管理権と組合活動の自由との調整は、労使が団体交渉の協議によって決するべきであるというのが裁判所の基本姿勢であり、これは妥当な考え方です。

　したがって、上記のように使用者の施設管理権は広く認められ、会社施設内での組合活動を容認しなければならない義務はないものの、それに関する団体交渉には十分に応じるようにしてください。

　そして、この手の団体交渉は、平行線になりやすく、また、団交交渉過程の正当性を問われやすいので、団交を打ち切る際には行き詰まりの有無を（⇒第8講）、また、誠実交渉義務違反がないかどうかを十分に検討してください（⇒第7講）。

5 裁判例・命令などの紹介

○ 倉田学園（大手前高（中）校・53年申立て）事件（最三小判平成6年12月20日民集48巻8号1496頁）
　→ 教員である組合員が、始業時刻前に、組合のビラを印刷面を内側に2つ折りにして教員室内に各教員の机上に置いたことについて、学校が就業規則違反を理由に訓告処分（懲戒処分）に付したが、裁判所は、ビラの内容や配布の態様等に照らし、その配布が学校内の職場規律を乱すおそれがなく、また、生徒に対する教育的配慮に欠けることとなるおそれのない特段の事情が認められるときには実質的には就業規則に違反しないとの解釈を前提として、処分を無効とし、かつ、当該処分は不利益取扱いおよび支配介入に該当すると判断した事例。
○ オリエンタルモーター事件（最二小判平成7年9月8日労判679号11頁）
　→ 社内組合に対して当初は一定の条件のもとに組合集会等のために社内食堂の使用を認めていたが、あるとき使用に関してトラブルが生じ、以後、組合が使用条件を無視するに至ったため、使用者が食堂の出入口を施錠するなど強硬的に使用させないこととしたことにつき、「（トラブル発生前の約9か月間は）許可願の提出があれば業務に支障がない限り食堂の使用を許可していたというのであるが、そのことから上告人が組合に対し食堂の使用につき包括的に許諾をしていたものということはできず、その取扱いを変更することが許されなくなるものではない」ことを前提として、施設管理権行使が権利濫用に該当する特段の事情の存在を否定し、不当労働行為にあたらないとした事例。

第20講 ユニオン・ショップ制と解雇

労働組合との間のユニオン・ショップ協定に基づいて行った解雇は当然に有効か？

　ユニオン・ショップ協定（通称「ユ・シ協定」）とは、労働協約の一種で、当該協定の締結当事者である労働組合に加入しない従業員や、当該労働組合の組合員でなくなった従業員について、使用者に解雇義務を負わせる（組合加入を従業員の雇用条件とする）という内容のものです。そして、ユニオン・ショップ協定に基づき使用者が解雇することをユニオン・ショップ解雇（通称「ユ・シ解雇」）といいます。
　ユニオン・ショップ協定は、労働組合の組織力強化に重要な役割を果たしており、日本では広く締結されています。
　本講では、ユニオン・ショップ協定の意義や、ユニオン・ショップ解雇の有効性について検討していきます。

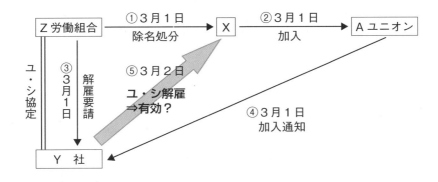

　Y社がZ労働組合との間で締結している労働協約の中には、「Y社の従業員は、Y社とZ労働組合が協議して認めた者を除き、すべてZ労働組合の組合員でなければならない。Y社は、Z労働組合に加入しない者及びZ労働組合を除名された者を解雇する。」という内容の条項（ユニオン・ショップ協定）が含まれています。

Z労働組合は、3月1日、Xが組合の主張に反するビラを配布したことを理由として、Xを除名処分としました（①）。これを知ったXは、ただちに社外のAユニオンに加入しました（②）。Z労働組合は、除名処分後すみやかに、Y社に対して、ユニオン・ショップ協定に基づきXを解雇するようY社に要請しましたが（③）、その直後、Y社はAユニオンより、Xが加入した旨の通知をファックスで受け取りました（④）。

　Y社は、Z労働組合から解雇要請があったことを理由に、翌3月2日、Xを解雇しましたが（⑤）、このユニオン・ショップ解雇は有効でしょうか。

　Xが除名処分を受けた後、Aユニオンに加入しなかった場合には、その結論は異なるでしょうか。

　さらに、Z労働組合による除名処分が、組合規約に定めた手続に反しており、無効であったことが後に判明した場合、それによってXの解雇の有効性は左右されるでしょうか。

1　背　景

　厚労省による平成23年労働協約等実態調査（現時点で公表されている最新の調査結果です）によれば、調査対象となった全国約4100の労働組合のうち、61.2％が、労働協約の中でユニオン・ショップ規定を設けていると回答しています（この調査では、ユニオン・ショップを「従業員は原則としてすべて労働組合に加入しなければならないという規定をいう」と定義づけています）。特に、企業の規模が大きいほど、企業内組合が従業員代表組織として重要な役割を果たすことから、ユニオン・ショップ規定を設け、入社と同時に全従業員が組合に加入するという取扱いをしていることが多いようです。

　もっとも、ユニオン・ショップ規定の具体的内容はさまざまで、日本では、組合員でなくなった場合の使用者の解雇義務について、「ただし、会社が特に必要と認めた場合は解雇しないことができる。」「ただし、会社と労働組合との間の協議により、解雇しないことができる。」というように、解雇義務に一定の例外を設けている場合が多く、このような例外を伴ったユニオン・ショップ協定は、「尻抜けユニオン」や「不完全ユニオン」などと呼ばれています。

　また、単に、労働協約の中で「従業員は組合の組合員でなければならない。」とのみ定め、組合に加入しなかった場合や、組合員ではなくなった場

合の取扱いについて何ら言及していない場合もありますが、これもユニオン・ショップ協定に該当し、使用者は当然に解雇義務を負うというのが裁判例の立場です（東京地判昭和31年5月9日判タ57号67頁）。

ユニオン・ショップ協定は、労働組合の組織力の強化に資するものではありますが、他方で、従業員にとっては、事実上、特定の労働組合への強制加入となるため、従業員の組合に入らない自由や組合選択の自由は保護しなくてよいか、という問題もあります。労働法の世界では、使用者の利益と、労働者の利益の均衡をいかにして図るかが問題になることが圧倒的に多いですが、ユニオン・ショップに関しては、労働組合の利益と、個々の労働者（従業員）の利益との均衡が問題になります。

以下では、判例法理が、日本においてユニオン・ショップ協定が普及している現状をふまえつつ、労働組合の利益と労働者（従業員）の利益との均衡をどのように図ろうとしてきたかについて説明していきます。

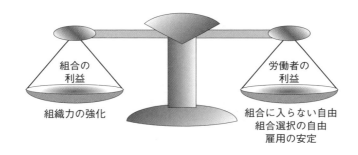

2 ユニオン・ショップ協定の有効性

ユニオン・ショップ協定は、組合加入や組合選択に関する労働者の自由を制約する点で、そもそも適法なのかという問題があります。労組法上は、7条1号ただし書が過半数組合との間でユニオン・ショップ協定を締結することは不当労働行為にはあたらないと述べているにとどまり、適法かどうかを直接的に述べた条文はありません。

日本では、労働組合が企業ごとに形成され、ユニオン・ショップ協定の存在によって、労働組合が企業内での組織力を高め、その結果、従業員全体の意向を広く反映させることができる組織として企業内で重要な役割を果たしてきたという歴史があります。ユニオン・ショップ協定は、団体交渉を中心

とした労使自治の促進という労組法の根本目的の実現に資するものであることから、労働者側の利益にも配慮しつつも、原則として有効であるという見解が多数であり、判例法理も、一定の限定を設けつつ、有効であるという解釈論を展開してきました。

ユニオン・ショップ協定を有効とする考え方は、結果として、組合の利益を個々の労働者の利益よりも優先していることとなりますが、その理由としては、憲法28条は、労働者が団結する自由（積極的団結権）のみを保障しているもので、団結しない自由まで保障しているものではないこと、また、労組法の根本目的達成のためには、組合の組織力強化を優先させる方が結果的に労働者全体の利益に適うこと、などがあげられます。

3 実務上の対応のポイント

実務上は、解雇事件として、ユニオン・ショップ解雇の効力が争点となる際に、ユニオン・ショップ協定の限界が問題となります。無用な解雇紛争を引き起こさないためにも、ユニオン・ショップ協定の限界や、ユニオン・ショップ解雇が無効となった場合の影響について、正しく理解しておくことが重要です。

1 ユニオン・ショップ解雇と解雇権濫用法理（労契法16条）の関係

ユニオン・ショップ解雇は、使用者が労働組合に対する解雇義務の履行として行うものであることから、古くは、解雇義務が存在する以上、解雇権濫用法理に服するまでもなく当然に有効である、という主張を使用者側が展開することがしばしばありましたが、この点については、後掲日本食塩製造事件最高裁判決によって決着が図られ、通常の解雇と同じく、解雇権濫用法理の枠組みの中で判断されることが明らかにされました。よって、ユニオン・ショップ解雇にも労契法16条が適用され、使用者の解雇義務が有効に存在する場合には、それをもって、「客観的に合理的な理由」があり「社会通念上相当」であると認められることになります。

2 ユニオン・ショップ協定の限界

ユニオン・ショップ協定の有効性に関するリーディングケースである後掲三井倉庫港運事件最高裁判決は、次のように述べています。

> ……労働者には、自らの団結権を行使するため労働組合を選択する自由があり、また、ユニオン・ショップ協定を締結している労働組合の団結権と同様、同協定を締結していない他の労働組合の団結権も等しく尊重されるべきであるから、ユニオン・ショップ協定によって、労働者に対し、解雇の威嚇の下に特定の労働組合への加入を強制することは、**それが労働者の組合選択の自由及び他の労働者の団結権を侵害する場合には許されないものというべき**である。

では、どのような場合に、労働者の組合選択の自由を侵害し、または、他の労働者の団結権を侵害することになるかというと、それは、労働者が別の労働組合に加入している場合、もしくは、別の労働組合を結成した場合です。冒頭の事例は、この三井倉庫港運事件の事案を参考にしたもので、同事件では、組合脱退、別組合加入、加入通知、前組合からの解雇要求、ユニオン・ショップ解雇が、きわめて短期間のうちに行われましたが、解雇した時点で、すでに解雇対象者が別組合に加入していたことから、最高裁は、

> ユニオン・ショップ協定のうち、締結組合以外の他の労働組合に加入している者及び締結組合から脱退し又は除名されたが、**他の労働組合に加入し又は新たな労働組合を結成した者について使用者の解雇義務を定める部分は**、右の観点（注：上記の囲んだ部分）からして、民法90条の規定により、これを**無効と解すべきである**（憲法28条参照）。

という解釈論を展開して、別組合に加入した労働者については、ユニオン・ショップ協定が一部無効になる結果、使用者に解雇義務が発生しないため、解雇義務なくしてなされたユニオン・ショップ解雇は、「客観的に合理的な理由を欠き、社会通念上相当なものとして是認することはできず、他に解雇の合理性を裏付ける特段の事由がない限り、解雇権の濫用として無効である」と結論づけました。

これによれば、ユニオン・ショップ解雇は、解雇時点で（組合が解雇を要請した時点ではありません）、対象労働者がどの労働組合にも加入していない場合にのみ有効、ということになります。

よって、冒頭の事例についても、Y社が3月2日に行ったXの解雇は、無効であり、他方、Xが除名処分を受けた後、仮にA労働組合に加入しなかった場合には有効となります。

3 組合による除名処分が無効であることが後に判明した場合のユニオン・ショップ解雇の効力への影響

ユニオン・ショップ解雇は、労働者が自主的に脱退した場合だけでなく、労働組合によって除名された場合にも行われることになりますが、除名処分が無効だった場合には、解雇の時点で使用者の解雇義務は生じていなかったことになりますから、上記**1・2**の判例法理に照らせば、解雇無効という結論になります。

ただ、除名処分はあくまで組合内部の手続であり、それが有効であるかどうかについて、解雇時点において使用者が十分に確認する術がないという問題があります。除名処分の手続に組合規約違反等がないかどうかを使用者が詳細に確認することは、組合の自治権を侵害することになりかねないので控えるべきであるとされています（後掲日本食塩製造事件控訴審判決参照）。

しかしながら、判例法理は、除名処分が無効であった場合には解雇も無効になるという使用者のリスクは、ユニオン・ショップ協定を締結した際に織り込み済みであるとして、除名処分の有効性と解雇の有効性はあくまで連動するという立場を貫いています。

よって、冒頭の事例でも、Z労働組合による除名処分が無効であれば、Xの解雇も無効、ということになります。

4 除名処分の無効を理由としてユニオン・ショップ解雇も無効になる場合のバックペイ支払義務の有無

通常の解雇事件では、裁判で解雇が無効と判断された場合、使用者は、解雇時点以降の賃金の支払い（バックペイ）をも命じられることになります。これは、使用者の賃金支払義務は労働者が就労義務を履行した場合に初めて生じるところ、労働者が就労義務を履行できなかったのは使用者が違法な解雇によって就労を拒んだためであり、就労義務の不履行について使用者の責めに帰すべき事由があることから、就労義務を履行しなかった不利益を労働者に負わせるべきではないので使用者の賃金支払義務は消滅しない、という考え方（危険負担、民法536条2項）によります。

もっとも、除名処分の無効を理由にユニオン・ショップ解雇が無効となる場合、その根本的な原因は労働組合にあり、使用者には（除名処分の有効性を調査する術がないことも含めて）責任がないともいえます。そのため、かつて使用者側は、ユニオン・ショップ解雇が無効だとしても、解雇後に労働

者が就労義務を履行できなかったことについて使用者の「責めに帰すべき事由」（民法536条2項）は存在しないから、バックペイを支払う義務はないはずだ、という主張を展開していました。

　しかし、清心会山本病院事件最高裁判決（最一小判昭和59年3月29日労判427号17頁）は、この主張を排斥し、除名処分の無効を理由としてユニオン・ショップ解雇が無効となった場合であっても、無効な解雇をしたという点に使用者の「責めに帰すべき事由」（民法536条2項）が存在する以上、通常の解雇とまったく同じく、使用者はバックペイの支払義務を負うとした控訴審の判断を是認しました。控訴審は、このように判断した理由として、「ユニオン・ショップに基づく解雇には、自己の責任によらずしてそれが無効となる危険が常に存在するといい得るのであって、自己の自由意思でかかる危険のある協約を締結した使用者は、そのような協約に基づく解雇であることを免責の事由として援用し得ないものというべきである。」と述べています。ユニオン・ショップ協定を締結するかどうかは自由であるため、締結する以上は、そのリスクをも引き受けるべき、という価値判断が示されているといえます。

4　裁判例・命令などの紹介

○　日本食塩製造事件（最二小判昭和50年4月25日民集29巻4号456頁）
　→　原審（東京高判昭和43年2月23日労判60号18頁）は、「（ユニオン）ショップ制は組合の統制力強化にその目的が存するのであるから組合の自主性を尊重して、除名の有効、無効は本来使用者の調査すべき事項ではなく、手続的に正当な除名通知があれば使用者は解雇すれば足り」るとして、除名処分が無効であってもユニオン・ショップ解雇は有効と結論づけたが、最高裁は、これを覆し、除名処分が無効であれば使用者は解雇義務を負わない以上、解雇は無効となると判断した事例。なお、解雇権濫用法理を最高裁が初めて示した判決としても知られる。
○　三井倉庫港運事件（最一小判平成元年12月14日民集43巻12号2051頁）
　→　ユニオン・ショップ協定の限界を示したリーディングケース。ユニオン・ショップ解雇した時点で、組合を脱退した対象労働者がすでに別の組合に加入しており、使用者の解雇義務が生じていなかったとして、日本食塩製造事件最高裁判決の考え方に従って、解雇を無効とした事例。

○　日本鋼管鶴見製作所事件（最一小判平成元年12月21日労判553号6頁）
　→　別組合に加入したうえで、脱退届を提出した組合員について、組合は除名処分とし、使用者にユニオン・ショップ解雇を求めたが、ユニオン・ショップ解雇した時点で使用者の解雇義務は生じていなかったとして、日本食塩製造事件最高裁判決、三井倉庫港運事件最高裁判決の考え方に従って、解雇を無効とした事例。

○　本四海峡バス（本訴）事件（神戸地判平成13年10月1日労判820号41頁）
　→　上記各判決と同じく、ユニオン・ショップ解雇時点で別組合に加入していたことを理由に、解雇を無効とした事例。

第21講 チェック・オフの法的意義
チェック・オフを適法に行うための要件は何か？

　チェック・オフとは、労働組合（社内組合）が確実に組合費を徴収するために、使用者が、組合員の賃金から組合費を天引きして、組合員分を一括して組合に支払うことをいいます。
　本項では、チェック・オフの法的構造と有効要件を整理するとともに、チェック・オフに関して不当労働行為となりうる使用者の対応を紹介します。

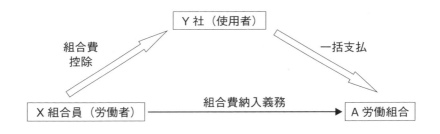

　Y社では、創業以来、社内組合であるA労働組合が組織され、ほとんどの従業員が入社時に加入しています。そのため、組合費は、Y社が毎月の給料の中から控除し、まとめてA労働組合に支払うという運用になっています。もっとも、このような運用は、これまで慣行として行われてきただけで、Y社とA労働組合との間に、チェック・オフに関する労使協定（チェック・オフ協定）は存在しません。Y社としては、チェック・オフは、A労働組合の了承のもと、A労働組合やその組合員の利益のために行っているものですから、書面化した協定がなくても法的に問題はないと理解していますが、これは正しいでしょうか。
　また、Y社とA労働組合との間にチェック・オフ協定が存在する場合に、A労働組合の活動方針に疑問を感じているX組合員が、Y社に対して組合費

の控除を中止するよう申し入れてきた場合、Y社は、この申入れに応じる必要があるでしょうか。X組合員は、活動方針に疑問を感じているとはいえ、A労働組合を脱退したわけではなく、今も組合費納入義務を負っているため、Y社としては、A労働組合とのチェック・オフ協定に基づいて、引き続きX組合員についても、組合費を控除しなければならないのではないかと考えています。

1 背　景

　厚生労働省による平成23年労働協約等実態調査（現時点で公表されている最新の調査結果です）によれば、調査対象となった全国約4100の労働組合のうち、91％がチェック・オフを行っており、また、88.5％がチェック・オフに関して何らかの規定を設けている、と回答しています（この調査では、チェック・オフを「使用者が組合員の賃金から組合費その他の労働組合の徴収金を天引き控除し、労働組合へ直接渡すこと」と定義づけています）。

　この調査結果からも、企業別労働組合が発展してきた日本において、チェック・オフは、非常になじみ深く、広く導入されている制度だということがわかります。

　そして、社内組合がしっかりと組織されている場合や、特に、ユニオン・ショップ協定が存在する場合には、当然のようにチェック・オフが行われていることも多く、チェック・オフとは法的にどのようなものであって、どのような点に注意すべきであるかをしっかりと理解する機会は、実務上、あまりありません。

　しかしながら、チェック・オフは、賃金という労働者にとって最も重要な労働条件に関する取扱いですから、その法的意義を整理しておくことは大切であり、思いがけず違法な対応をしないよう、十分留意する必要があります。

2 チェック・オフの法的構造

　チェック・オフは、上述のように、日本において広く導入されている制度でありながら、労組法にも、労基法にも、具体的に定めた条文は存在しません。そのため、法律上は、チェック・オフをすること自体がそもそも適法であるのかどうかすら、明らかではないのです。むしろ、使用者が労働組合の

運営に関与し、それを援助する点を強調すれば、支配介入（労組法7条3号の「経理上の援助」）に該当するかのようにもみえます。

　もっとも、判例法理上は、広く導入されている実態を前提として、一定の要件のもとにチェック・オフは適法であるとの解釈が積み上げられてきました。

　判例では、チェック・オフをめぐる法律構造を、冒頭の図のように、使用者、労働組合、組合員の三者構造としてとらえています。より具体的に図示すると、以下のようになります。

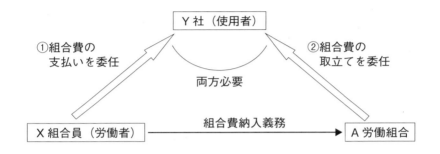

　この図のように、①組合員が使用者に対して、自分の代わりに、労働組合に組合費を納入することを委任するという関係と、②労働組合が使用者に対して、組合員からの組合費の徴収（取立）を委任するという関係の、2つの委任関係によって成り立っている三者構造であり、①と②の両方が存在して初めて、チェック・オフは有効に成立する、というのが判例の理解です。

　つまり、使用者と労働組合との間に、チェック・オフに関する約束が存在するだけ（②だけ）では足りず、個々の組合員からの委任（チェック・オフに関する同意・承諾、①）もあって初めて適法になります。

　このことについて、リーディングケースである後掲エッソ石油事件最高裁判決は、次のように述べています。

> 　チェック・オフ協定の締結は、……それが**労働協約の形式により締結された場合であっても、当然に使用者がチェック・オフをする権限を取得する**ものでないことはもとより、組合員がチェック・オフを受忍すべき義務を負うものではないと解すべきである。したがって、使用者と労働組合との間に右協定（労働協約）が締結されている場合であっても、**使用者が有効なチェック・オフを行うためには、右協定の外に、使用者が個々の組合員から、賃金**

> から控除した組合費相当分を労働組合に支払うことにつき委任を受けることが必要であって、右委任が存しないときには、使用者は当該組合員の賃金からチェック・オフをすることはできないものと解するのが相当である。

委任関係は、委任者がいつでも終了させることができますから（民法651条1項「委任は、各当事者がいつでもその解除をすることができる。」）、従業員が賃金からの控除をやめてほしいと考えた場合には、法律上は労働組合を脱退しなくとも、いつでも、会社に対して、控除の中止を求めることができることになります。

よって、冒頭の事例の2つめの質問に関しては、Y社は、その理由を問わず、X組合員からの申入れに応じなければならない、という結論になります。

3 実務上の対応のポイント

1 使用者・労働者間の委任関係の取扱い

組合規約には、通常、組合員の組合費納入義務が明記されていますが、組合規約は、あくまで労働組合と組合員との間にのみ適用され、使用者には効力が及びませんので、組合規約の中にチェック・オフに関する規定があったとしても、それ自体が直接に、使用者に対する支払委任（前頁の図の①）の根拠となるものではありません。

また、使用者と労働組合との間のチェック・オフ協定も、あくまで使用者・労働組合間の約束事ですので、前頁の図の②は根拠づけられるとしても、①の根拠とすることはできない（チェック・オフ協定は労組法16条の「労働者の待遇に関する基準」に該当せず、規範的効力なし）、というのが判例の立場です。

よって、厳密には、使用者・労働者間で、別途、組合費の支払委任に関する合意書を取り交わすか、もしくは、就業規則の中に根拠規定を設ける必要があります。

就業規則上に根拠規定を設ける場合には、賃金の控除に関する条文として、「賃金の支払いに際しては、所得税・社会保険料等法令及び過半数代表者（又は過半数組合）との協定により定めたものを控除する。」と規定したうえで、さらに、「過半数代表者（又は過半数組合）との協定」の中で組合費を控除する旨を明記しておけば最低限足りるでしょう。なお、この「協定」に

ついては、次の**2**も参考にしてください。

2　賃金控除協定の締結も忘れずに

　もう1つ、チェック・オフの重要な問題として、チェック・オフを行うことは、そもそも賃金全額払いの原則を定めた労基法24条1項に反しないのか、いいかえれば、チェック・オフにも賃金全額払いの原則は適用されるのか、というものがあります。

　これについて、判例は、チェック・オフも賃金の一部を控除するものである以上、賃金全額払いの原則が適用される、よって、チェック・オフが労基法24条1項違反にならないためには、同項ただし書の定める労使協定（賃金控除協定）の締結が必要である、という考え方を示しています（後掲済生会中央病院事件最高裁判決）。

　したがって、チェック・オフを適法に行うためには、事業場における過半数組合と賃金控除協定を締結しなければなりません。つまり、冒頭の事例の最初の質問の、「書面化した協定がなくても法的に問題はない」という理解は誤っており、書面化した協定がなければ、労基法24条1項違反となる、ということになります。

　なお、労働組合が事業場における過半数組合に該当しない場合には、当該組合との間でチェック・オフに関する労働協約を締結するだけでは足りず、別途、過半数代表者を選任して、賃金控除協定を締結しなければ違法ですので、注意してください。

　賃金控除協定は、書面で締結し、保存しておけばよく、労働基準監督署に届け出る必要はありません。

　賃金控除協定の書式を紹介しますので参考にしてください。

```
賃金控除に関する協定書

甲（使用者：○○株式会社）と乙（労働者代表：□□□□）は、労働基準法第
24条第1項ただし書きに基づき、賃金控除に関し下記のとおり協定する。
                            記

1  甲は、毎月○日、賃金支払の際、次に掲げるものを控除して支払うこと
   ができる。
  (1) 法令に定められたもの
      源泉所得税、住民税、健康保険料・厚生年金保険料・雇用保険料・介護
      保険料の被保険者負担分
  (2) 法令以外のもの
      会社立替金、労働組合の組合費又は会費、賃金過払い分・・・
2  この協定は、平成○年○月○日から有効とする。
3  この協定は、いずれかの当事者が○日前に文書による破棄の通告をしな
   い限り効力を有するものとする。
                                          平成○年○月○日
                      甲：
    （使用者職氏名）                                印
                      乙：
    （労働者代表）                                  印
```

3 チェック・オフに関する不当労働行為

　チェック・オフに関して、これまで不当労働行為かどうかが問題になった事例では、社内組合が実質的に分裂し、組合内で組織対立が生じたという場面であることが圧倒的に多いです。たとえば、分裂後の少数組合からチェック・オフの中止の申入れがあったにもかかわらず、その少数組合の存在を使用者が否定し、多数組合に対して控除した組合費を支払し続けたことが、少数組合の組織を弱体化させるものとして支配介入（労組法7条3号）にあたるとされた例があります（ネスレ日本（霞ヶ浦工場）事件（最一小判平成7年2月23日労判670号10頁））。現代では、組合の分裂ということ自体が起こりにくくなっていますので、チェック・オフに関する不当労働行為が問題になることは少ないかもしれません。

　なお、社外組合からチェック・オフの申入れがあったというような場合に、

賃金控除協定の不存在を理由にその申入れを拒絶することは、弱体化意図によるものではないため、支配介入にはならない、ということができるでしょう。

4 裁判例・命令などの紹介

○　エッソ石油事件（最三小判平成5年3月25日労判650号6頁）
　→　A労働組合から脱退し、B労働組合を結成した従業員らが、チェック・オフにかかる組合費をA労働組合に交付せず、B労働組合に交付するよう申し入れたにもかかわらず、会社がA労働組合の組合費をチェック・オフし続け、A労働組合に交付したため、会社によるかかる行為は不法行為に該当するとして、チェック・オフされた組合費に相当する損害の賠償を会社に対して求めた事案（本件の原告は、B労働組合ではなく、その組合員個人であり、不当労働行為の救済ではなく、損害賠償を求めた事案である）。
　　最高裁は上記のとおり、チェック・オフの法的構造を明らかにしたうえで、いったんチェック・オフを開始した後においても、「組合員は使用者に対し、いつでもチェック・オフの中止を申し入れることができ、右中止の申入れがされたときには、使用者は当該組合員に対するチェック・オフを中止すべき」として、原告らによるチェック・オフ中止の申入れの意思表示が会社に到達した以降のチェック・オフを違法と判断した。

○　済生会中央病院事件（最二小判平成元年12月11日民集43巻12号1786頁）
　→　使用者たる病院が、病院内組合との間で協定を締結することなく、15年以上にわたってチェック・オフをし続けてきたところ、当該組合から多数の脱退者が出たため、病院が組合に対し、「多数の従業員からチェック・オフを中止するよう申し出があります。……よって、チェック・オフ対象者が明確になるまで、当分の間、チェック・オフを中止せざるを得ません。なお、貴組合において対象者を明確にされれば、チェック・オフをすることにやぶさかではありません」という通知書を交付して、一方的にチェック・オフを中止した。
　　これについて組合が、支配介入に該当するとして救済の申立てをしたところ、初審、中労委、第1審、控訴審はいずれも支配介入該当性を肯定したが、最高裁のみ、労基法24条1項（賃金全額払いの原則）とチェック・オフとの関係について、「いわゆるチェック・オフも労働者の賃金の一部を控除するものにほかならないから、同項但書の要件を具備しない限り、これをすることができないことは当然である」、そして、賃金控除協定がなかったことを重視し、本件チェック・オフの中止は労基法24条1項違反を解消するものであること、病院は、チェック・オフをすべき組合員を特定することができないことを中止の理由としていること等を指摘して、病院による中止は不当労働行為意思に基づくものとはいえない、として支配介入該当性を否定した。

第22講 組合活動と不法行為
労働組合の活動に対して使用者が損害賠償を請求することはできるか？

　本講では、労働組合による街宣活動やビラ配布などの会社施設外での組合活動がどのような場合に使用者側に対する不法行為となるのか、また、そのような違法な組合活動に対して使用者側はどのような対抗手段をとりうるのかを検討します。

　X社がある従業員Aを勤務成績不良により普通解雇したところ、Aが個人加入型のYユニオンに加入し、Yユニオンは、Aの解雇無効と復職を主張してX社に対し団体交渉の開催を要求しました。X社は、団体交渉に応じるつもりでしたが、Yユニオンは、団体交渉にはX社社長の同席が必須である、弁護士の同席は認めない、などといって出席者を誰にするかで意見が対立してしまい、結局のところ団体交渉が行われないままとなっています。その一方で、Yユニオンは、X社の本社前やX社社長の自宅周辺などで、「不当解雇を撤回しろ！」「X社は違法企業！」「社長が団体交渉に出ないで逃げ回っている！」などと記載したビラを配布したり、拡声器を使って演説をしたり

するなどの街宣活動をたびたび行っています。

　X社は、解雇が有効であることを確信していたことから、このままではいつまでたっても紛争が終わらないと考え、Aとの間の雇用関係不存在の確認を求める訴訟を提起しました。この訴訟において、A側は一貫して解雇無効を主張し、最高裁まで争いましたが、結局、解雇を有効とする判決が確定しました。

　しかし、Yユニオンは、訴訟係属中のみならず、解雇有効の判決確定後も、解雇撤回と復職を求めてX社の本社や社長の自宅周辺での街宣活動を断続的に行っています。Aの雇用問題は、判決によって解決している以上、Yユニオンによる街宣活動をX社が法的に阻止することはできないでしょうか。

1　背　景

　一昔前までは、集団的労使紛争といえば社内組合との闘争を意味し、ビラ貼りや集会などの組合活動も社内で行われることが多かったことから、組合活動がどの範囲で法的に認められるのかは、基本的には、使用者の施設管理権との調和の問題としてとらえられていました（⇒第19講）。

　しかし、昨今では、大多数の集団的労使紛争は、個人加入型組合（⇒Keyword⑥）が主体となり、従業員ではない組合員は会社施設内に立ち入ることができないため、組合活動は、会社建物や取引先の周辺、時には社長の自宅周辺というように、会社施設外の公共の場での街宣活動として行われるようになりました。そして、それは通常、企業イメージの低下を招くような言動を伴うことから、使用者の名誉・信用や経済活動の自由との調和が問題になっています。

　とりわけ個人加入型組合に特有の傾向として、退職扱いとなった後に組合に駆け込み加入したり、社内における組合員数が圧倒的に少なかったりすることが多く、ストライキの実施が現実的でないため、組合側が自身の要求を実現するための使用者に対する圧力として街宣活動に頼らざるをえないところがあり、ときには、峻烈な言葉を用いて会社を過大に批判したり、繰り返し活動したりすることによって、いわば「会社が音を上げる」のを待つといった戦法がとられることも少なくありません。

　冒頭で紹介した事例は、実際の裁判例を題材にしたものであり（後掲旭ダイヤモンド工業（東京・中部地域労働者組合）事件）、このように、解雇を有効

とする判決が確定した後もなお街宣活動が続けられ、会社側が10年以上にわたり継続的に対応を強いられているという現実があることをも認識し、違法な組合活動に対しては断固とした姿勢を示していくことがいっそう大切になってきているといえます。

2 組合活動の法的保障

憲法28条は団結権、団体交渉権、団体行動権を保障しており（⇒Key word②）、ストライキ（⇒第24講）や街宣活動などの組合の活動は、団体行動権に位置づけられるものです（ストライキを行う権利は「争議権」、それ以外の団体行動を行う権利は「組合活動権」と呼ばれることもあります）。このように、組合による団体行動は、憲法上保障された権利であり、その自由は、可能な限り保護されなければなりません。

そして、憲法による団体行動権の保障を現実的かつ実効性のあるものとするために、労組法は、正当な組合活動については、以下のとおり規定して、組合の刑事責任・民事責任を免除（違法性阻却）することを定めています。

労組法1条2項　→　刑事責任の免除

> 刑法35条の規定(正当行為)は、労働組合の団体交渉その他の行為であって前項に掲げる目的を達成するためにした正当なものについて適用があるものとする。但し、いかなる場合においても、暴力の行使は、労働組合の正当な行為と解釈されてはならない。

労組法8条　→　民事責任の免除

> 使用者は、同盟罷業その他の争議行為であって正当なものによって損害を受けたことの故をもって、労働組合又はその組合員に対し賠償を請求することができない。

街宣活動や組合ホームページによる使用者批判が、形式的には名誉毀損罪（刑法230条）や信用毀損罪（刑法233条）に該当し、それにより使用者に取引減少などによる財産上の損害や精神的苦痛を与えたとしても、それが組合活動として正当なものであれば、組合は、何ら刑事責任も民事責任（損害賠償責任）も負わないということが法的に保障されているのです。

3 組合活動の正当性の判断方法

　一般に、組合活動の正当性は、**主体**（組合としての活動であるか）・**目的**（労働者の地位の向上等を目的とした活動であるか→純然たる政治的主張の実現のための活動には正当性なしとする見解が多数）・**態様**（就業時間内に行われたものであるか、使用者の施設管理権を侵害していないか等）の観点から判断されますが、個人加入型組合の活動について問題となることが多いのは、態様でしょう。

　裁判例では、正当性について、労使間の交渉状況をふまえたうえで、言動の内容や場所、回数などにつき、「社会的相当性」「社会通念上の相当性」という観点から適法・違法を判断していますが、これだけでは抽象的ですので、具体的な判決文をいくつかご紹介したいと思います。

● 組合活動に関する一般原則

旭ダイヤモンド工業（東京・中部地域労働者組合）事件第 1 次街宣活動事件・控訴審（東京高判平成17年 6 月29日労判927号67頁）

> 　労働組合は、労働者の労働条件の維持改善その他経済的地位の向上を主たる目的として組織された団体であって、その活動に対して一定の社会的な役割を期待されている存在である。そして、そのような存在であるからこそ、**労働組合としては、相当の見識を持って、自らの団体行動の結果が他の国民の有する自由権及び財産権などの基本的な権利を侵すことがないように配慮し、権利の全体的な調和を図っていくように努めていく責務がある**というべきである。

同事件第 2 次街宣活動事件・第 1 審（東京地判平成25年 5 月23日労判1077号18頁）

> 　確かに、労働組合の団体交渉権及び団体行動権は憲法上保障された権利であるが、憲法は、これが財産権等の他の基本的事件に対して絶対的優位にあることを認めているとは解されず、労働者の権利実現のために労働組合が行う団体交渉権及び団体行動権の行使であっても、それが無制限に許されるものでないことは明らかである。

●正当性否定例

　前掲旭ダイヤモンド工業事件では、裁判所は、次のとおり判断して社会的相当性を否定し、街宣活動の差止請求および組合に対する損害賠償請求（第1次街宣活動事件は会社につき150万円・社長個人につき50万円、第2次街宣活動事件は会社につき200万円・社長個人につき30万円）を認容しました。

前掲第1次街宣活動事件・控訴審

> 　控訴人（労働組合）らの上記の活動は、労働者の団結のためや、一般労働者の経済的地位の向上のためというよりも、単に、控訴人らの解雇撤回又は職場復帰の要求を被控訴人会社に押し付けることを目的として行っているにすぎず、労働組合に対して与えられている権限を濫用し、被控訴人ら（会社・代表者）に対する執拗な嫌がらせ行為を行っているものといわざるをえない。

前掲第2次街宣活動事件・第1審

> 　被告らの街宣活動に係るビラの内容等は、前記前提事実に照らせば、**虚偽の内容を含み**、あるいは、**意見ないし論評の域を逸脱して、原告会社の名誉、信用を毀損し、平穏に営業活動を営む権利を侵害するもの**であり、かかる行為は**労働組合に保障された団体交渉権及び団体行動権に属する正当な行為とはいえず**、また、**表現の自由として保障された範囲を逸脱するもの**として保護に値しないものというべきである。

●正当性肯定例

　保険会社が本部機能の移転を理由に嘱託事務員を雇止めにした事案で、団体交渉が継続し、かつ、都労委に不当労働行為救済事件（誠実団交義務違反）が係属していた時点で、組合（個人加入型）側が「不当解雇」「必要がなくなれば従業員をポイ捨てするような保険会社」等を記載したビラを本社周辺やビジネス街で多数回にわたり配布し、かつ、組合のホームページにもアップロードしたことについて、会社側が組合に対し500万円の損害賠償と謝罪広告の掲載を求めた事件では、裁判所は、ビラの内容は会社の名誉・信用を毀損するものであるとしつつも、当時の組合側の立場・主張をふまえると、結局のところ「雇止めは不当である」という趣旨を明らかにしたものであって、記載した内容を組合側が真実であると信ずるにつき相当な理由があるとし

て、会社側の請求をすべて否定しました（銀行産業労働組合（エイアイジー・スター生命）事件（東京地判平成17年3月28日労判894号54頁））。

● 社長等個人宅周辺での組合活動の正当性

裁判所は、原則として正当性を否定しています。

「労使関係に関して生じた問題は、基本的には労使関係の領域というべき職場領域で解決すべき事柄であり、企業経営者あるいは労務担当者といえども、個人としての住居の平穏や地域社会における名誉・信用は、なお十分に保護され、尊重されるべき」であって、組合活動の自由は、「原則として、企業経営者等の私生活の領域までは及ばないと解するのが相当」だからです（前掲旭ダイヤモンド工業事件第2次街宣活動事件・第1審より）。複数の裁判例が同様のことを述べています。

4 実務上の対応のポイント

違法な街宣活動が行われている場合には、まず、裁判所に対し、労働組合の街宣活動等の禁止を求める仮処分命令（被保全権利は営業権または人格権侵害に基づく差止請求権）の申立てを行い、そのうえで、差止めや損害賠償を求める訴訟（本訴）を提起することができます。後掲ミトミ建材センターほか事件では、以下の内容の仮処分命令が出されています（労経速2161号10頁より引用）。

主　文

債務者（組合）は、債権者ら（会社A及び代表者B並びに関係会社C）に対し、債務者所属の組合員又は第三者をして、以下の行為を行ってはならない。
(1) 債権者Aが、生コンクリートを納入する現場において、債権者Aが納入作業を行い、又は行った地点から、半径300メートルの範囲内で、多人数で滞留したり、街宣車を使用した街宣活動や、拡声器を使用した演説、シュプレヒコール、ビラ配り、工事関係者への声かけをすること。
(2) 債権者Cが、土木建築工事を受注している工事現場周辺において、多人数で滞留したり、街宣車を使用した街宣活動や、拡声器を使用した演説、シュプレヒコール、ビラ配り、工事関係者への声かけをすること。

(3) 債権者A又は債権者Cと取引関係にある取引先会社周辺において、多人数で滞留したり、街宣車を使用した街宣活動や、拡声器を使用した演説、シュプレヒコール、ビラ配りをすること。
(4) 債権者Bの自宅の北側門扉の支柱を中心とした半径300メートルの範囲内の土地（別紙地図記載の円の範囲内の土地）において、多人数で滞留したり、街宣車を使用した街宣活動や、拡声器を使用した演説、シュプレヒコール、ビラ配りをすること。
(5) その他上記(1)ないし(4)と同様又はこれらに準ずる方法、態様により債権者らの事業活動を威力又は偽計により妨害し、又は債権者Aの平穏な生活を妨害する一切の行為。

　差止請求は、会社の場合は、名誉・信用が毀損され、平穏に営業活動を営む権利が侵害され、今後も当該侵害行為が継続する蓋然性が高い場合に、また、社長等個人の場合は、自己の住居の平穏や地域社会における名誉・信用が侵害され、今後も侵害される蓋然性があるときに認められます（前掲旭ダイヤモンド工業事件第2次街宣活動事件・第1審判決参照）。差し止める街宣活動等の内容は、それを求める会社側が詳細に特定する必要があります。
　また、差止めの範囲は、その必要性が認められる最小限に限られます。たとえば、同事件では、会社側は、本社や支社の正門門扉や、展示会等を行っていた東京ビッグサイトや幕張メッセ等の正門の中心地点を基点として半径1kmの範囲内の土地において、拡声器を使用しまたは大声をあげるなどして会社を非難し、演説を行いまたはシュプレヒコールをすること、会社や社長を非難する内容のビラを配布すること等の禁止をも求めましたが、裁判所は、過去に実際に組合が街宣活動を行った場所を具体的に認定して、本社や支社につき半径200メートルの範囲についてのみ認めれば足りるとし、東京ビッグサイトや幕張メッセ等の公共的利用が予定されている施設については、時期や方法を特定することなく差止めを認めることは相当でない、としました。
　組合活動の回数や態様、表現内容は、組合活動の正当性そのものや、損害額の多寡、将来における継続の蓋然性に直接的に影響しますので、まずは、どこで、何人の組合員が、何時間くらい、どれくらいの音量で、どのような活動を行ったかを、把握できる限りにおいて詳細に記録しておくことが重要です。これがすべての出発点となりますし、訴訟の中で回数や態様を組合が争った場合の証拠固めをあらかじめしておくことが大切です。

さらに、上記で紹介した旭ダイヤモンド工業事件判決と、銀行産業労働組合（エイアイジー・スター生命）事件判決とを比較すると、組合活動の正当性の有無は、前提となっている個別的労使紛争（前者では解雇の有効性、後者では雇止めの適法性）について裁判所で決着がついているかどうかが非常に大きく影響しているといえます。決着がつくまでの間は、組合側が自身の信ずるところに基づきさまざまな要求を会社に投げかけ、交渉を進展させるために会社を批判する言動を行うことも、社会的相当性をよほど逸脱した態様でなされない限り、裁判所は組合活動の自由の一環として保護する方向で正当性の有無を検討する傾向にあります。しかし、一転、組合側の主張が法的に誤りであることが裁判所において確定すると、もはや組合は、解雇撤回や復職等について会社に団体交渉を求める権利を失っている以上、組合活動の正当性は、否定される方向に一気に傾くのです。
　これをふまえると、前提となっている個別的労使紛争について、会社と組合側の見解が激しく対立し、かつ、街宣活動がたびたび行われ、紛争の長期化が確実に想定されるような状況にあっては、会社側から積極的に、個別的労使紛争に決着をつけるための裁判（雇用関係不存在確認請求訴訟等）を提起することも検討していく必要があるといえるでしょう。

5 裁判例・命令などの紹介

○　ミトミ建材センターほか事件（大阪地決平成24年9月12日労経速2161号3頁）
　→　組合が会社の取引先（工事現場等）や社長の自宅付近で街宣活動を行ったことにつき、裁判所が会社側の申立てを認めて上記の仮処分命令を発令したことに対し組合側が異議を申し立てた事案において、裁判所は、街宣活動が少なくとも10回にわたって行われ、その内容も、会社を違法業者と認定し、その公共事業に関することにまで及んでいるうえ、工事現場の近くを何度も巡回する方法で行われており、社会通念上相当と認められる範囲を超え不当に営業活動を妨害する行為であると判断して、上記の仮処分命令には理由があるとした事例。
○　教育者労働組合事件（東京地判平成25年2月6日労判1073号65頁）
　→　組合側が街宣活動等を行うについて「使用者」と扱っている会社ないし役員個人には、労組法上の使用者性が認められないことを前提として、そもそも組合は、会社等に対する関係で団体交渉権等の労働基本権を有していないことから、街宣活動は憲法28条や労組法の保護を受ける余地がないとして、

会社側による差止請求（※以下一部紹介）を認めた事例。
※　被告（組合）らは、自らまたは支援者等の第三者をして、以下記載の禁止行為をし、またはさせてはならない。
(1) 原告X_1およびX_2両名の肩書地記載の住居に設置された門扉の中心点を基点とする半径30ｍの範囲内（別紙図面１（図面は略。以下同）の円内）の土地において、駐車したり、佇立徘徊したり、横断幕を設置したり、待ち伏せしたり、立ちふさがったりするなどの方法により、原告X_1およびX_2両名の住居への出入りを妨害すること。
(2) 原告X_1およびX_2両名の肩書地記載の住居その他の場所において、原告X_1およびX_2の身辺につきまとったり、待ち伏せしたりする方法により、原告X_1およびX_2に対して面会または交渉を強要すること。
(3) 原告X_1およびX_2両名の肩書地記載の住居に設置された門扉の中心点を基点とする半径150ｍの範囲内（別紙図面２の円内）の土地において、拡声器を使用しまたは大声をあげるなどの方法によって、「賃金を支払わない」「不当な組合弾圧をしている」という趣旨の文言で原告らを非難したり、「未払賃金を支払え」「団体交渉に応じろ」又は「組合活動の妨害をやめろ」という趣旨の文言で演説を行ったり、「未払賃金を支払え」「話合いをしろ」「組合活動を妨害するな」という趣旨の文言でシュプレヒコールをしたりすること。
(4) 原告X_1およびX_2両名の肩書地記載の住居に設置された門扉の中心点を基点とする半径150ｍの範囲内（別紙図面２の円内）の土地において、「未払賃金を支払え」「組合との交渉をしなさい」という趣旨の文言の記載された横断幕をかけたり、被告教育社労働組合の組合旗を掲げたり、「組合との交渉をしなさい」という趣旨の文言の記載された貼り紙をしたりすること。
(5) 原告X_1およびX_2両名の肩書地記載の住居に設置された門扉の中心点を基点とする半径150ｍの範囲内（別紙図面２の円内）の土地において、「40年に及び労働争議を解決せず、労働者への未払賃金7.6億円の踏倒しを狙って一切の話合いを拒否し逃げ回っています。」「組合員を、金属工具で負傷させる、木刀を振りかざして放水しずぶ濡れにさせる、監視カメラを新設、周囲に鳴り響くスピーカーの高い金属音を発生させて組合の要求を封殺しようとするなど、蛮行・暴挙を繰り返しています。」「組合弾圧のみならず、詐欺まがいの商法も行っており、ネット上に顧客からの抗議の声が寄せられ、全国の消費生活センターには顧客からの相談が殺到するという事態を招いています。」という趣旨の文言で原告らを非難する内容の記載されたビラを配布すること。
(6) 原告X_1およびX_2に対して電話をかけ、またはファクシミリ装置を用いて送信して、面会または交渉を強要すること。

○　X労働者組合事件（東京地判平成26年9月16日労経速2226号22頁）
→　組合員の雇止めに関して会社側が雇用関係不存在確認等請求訴訟を提起し、不存在を認める判決が確定したにもかかわらず、組合がなお複数回にわたり会社事務所や会社理事自宅周辺において面会要求や街宣活動等を行ったことを受けて会社側が差止めおよび損害賠償を請求した事案において、街宣活動等における組合の主張は確定判決に反する独自の主張であって、そこにおいて摘示する事実が真実であるとも真実であると信ずることに相当な理由があるとも認められないとして、差止めを認め、かつ、組合側に100万円の損害賠償を命じた事例。

第23講 労働組合の争議権
労働組合はどのような場合にストライキを行うことができるか？

　労働組合は憲法上、団結権、団体交渉権、団体行動権の3つの権利を保障されています（28条）。このうち、団体行動権は、（有事の）争議権と（平時の）組合活動権（⇒第19講、第22講参照）からなり、本講では、争議権について、その内容や範囲を検討します。

　争議権とは、争議行為をする権利のことであり、争議行為の代表格はストライキです。近時は、ストライキに接する機会は非常に少なくなりましたが、ストライキは、労働組合が有する基本的かつ非常に強力な権利であり、労組法を理解するうえで重要なものです。

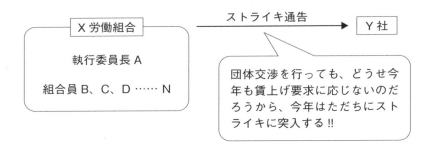

　Y社では、毎年春に、社内組合であるX労働組合から賃金引上げを要求事項とした団体交渉の申入れを受け、それに応じてきました。もっとも、ここ数年は、業績悪化が続いており、X労働組合の要求する賃上げ幅はとても受け入れることができない状況です。従業員は今年も、Y社の業績が改善していないことは肌身に感じているようですが、X労働組合の執行部は、強い対抗姿勢を崩していないようです。

　Y社としては、今年も誠心誠意、団体交渉の中で会社の業績の説明とそれに対する理解を求めていくつもりでしたが、この度、X労働組合から突然の

ストライキの通告を受けてしまいました。

　Y社としては、以下の疑問を持っていますが、法的にはどのように整理されるのでしょうか。

　① そもそも、団体交渉を経ないストライキは認められるのでしょうか。
　② 大規模なストライキが行われてしまうと、当社の生産性はさらに落ち、ますます売上げが減少することになります。ストライキによる売上げ減少分を、X労働組合に対して損害賠償請求することはできるのでしょうか。
　③ ストライキ期間中、ストライキに加わった従業員に対して賃金を支払わなければならないのでしょうか。
　④ 組合員のうち、ストライキに加わるのは一部の者のようですが、Y社の生産ラインでは、一部でもストライキをされてしまうと、全体として稼働を止めなければならないラインも出てきます。この場合、ストライキに加わらなかったものの、ストライキにより業務に従事できなかった従業員に対して、賃金を支払わなければならないのでしょうか。
　⑤ 仮に、X労働組合の幹部はY社の経営状況に理解を示していたとして、幹部方針に反発する先鋭的な組合員DとNのみが勝手にストライキを行った場合、Y社は、DとNに対して懲戒処分を科したり、損害賠償を請求したりすることはできるでしょうか。
　⑥ ストライキに加わったことを人事考課上考慮することはできますか。

1　背　景

　かつては、ストライキが行われることは珍しくなく、裁判所でもその正当性が多数争われていましたが、近年では、そのような事件はほとんど見かけなくなりました。厚労省による最新の労働争議統計調査結果（平成25年）によれば、争議行為を伴う争議の発生件数は、平成25年1月から12月までの1年間で、全国の全産業で71件にすぎず、平成20年以降、一貫して減少しています（なお、厚労省のWebサイトで現在公表されている最も古い統計値である平成4年は788件でした）。

　このように、特に近年、ストライキが急激に減少した理由としては、組合の組織率自体が低くなっていることや、第三次産業に従事する労働者が増えたことなどが挙げられます。第三次産業は、派遣労働者等のいわゆる非正規

労働者の占める割合が多く、非正規労働者は組合へのアクセスが必ずしも容易ではない（社内組合があったとしても加入資格を正社員に限定している場合が多い）という特徴があります。また、個人加入型組合（⇒Key word⑥）の活発化も一因であろうと考えられます。なぜなら、個人加入型組合の場合、一企業あたりの組合員数が少なく（1人ということも少なくありません）、ストライキを行っても実効的でないため（少数の組合員がストライキを行っても、事業運営に与える影響が小さいからです）、団体交渉の促進手段を、ストライキではなく街宣活動に頼る傾向にあるからです。

実務上、実際にストライキへの対応が求められる可能性は低いかもしれませんが（また、仮にストライキ通告を受けたとしても、粘り強い団体交渉によって極力回避するべきではありますが）、労組法の全体像の理解をいっそう深めるために、ストライキ権の内容や範囲の基本をおさえておくことには大変重要な意義があります。

2　争議権の保障の目的と内容

争議行為の主な態様には、同盟罷業、怠業、ピケッティングなどがあります。同盟罷業（ストライキ）は作業の中止（労務の不提供）、怠業（スローダウン）は作業を継続しながらも作業を量的質的に低下させること（労務の一部不提供。あえてゆっくり作業を行う等）、ピケッティングはストライキ中の労働者が会社の入口等で、労務提供しようとする労働者、業務執行しようとする使用者側の者または出入構しようとする取引先等に対して監視、呼びかけ、説得その他の働きかけを行うことをいいます。これに対し、使用者側の対抗手段として、作業所閉鎖（ロックアウト）、すなわち生産活動の停止を宣言し作業を停止することがあります

争議行為は、性質上、使用者の財産権を侵害するものですし、また、威力業務妨害罪（刑法234条）、強要罪（刑法223条）等の犯罪行為となりうるものです。そして、その本質は労務の不提供ですから、労働契約上の労働義務の債務不履行でもあります。

このように、争議行為は、本質的に違法な行為でありながら、憲法および労組法は、団体行動権の保障を確実にするため、「正当な」争議行為については、労働組合は民事上も刑事上も法的責任を負わないものと規定しました。民事上・刑事上の責任が発生してしまうとすると、団体行動に及ぶことが萎

縮されてしまうため、それを排除しておく必要があるからです。よって、冒頭の事例の疑問②については、X労働組合のストライキが正当なものである場合には、Y社は、損害賠償請求をすることはできません。

労組法1条2項　→　刑事責任の免除

> 刑法第35条の規定（正当行為）は、労働組合の団体交渉その他の行為であって前項に掲げる目的を達成するためにした正当なものについて適用があるものとする。但し、いかなる場合においても、暴力の行使は、労働組合の正当な行為と解釈されてはならない。

労組法8条　→　民事責任の免除

> 使用者は、同盟罷業その他の争議行為であって正当なものによって損害を受けたことの故をもって、労働組合又はその組合員に対し賠償を請求することができない。

争議行為は、労使間の交渉力格差を是正し、労働者の権利と地位を向上するために認められるものです。使用者は、団体交渉応諾義務を負っていますが、妥結義務までは負いませんから、せっかく法が交渉のテーブルを用意したとしても、結果的に妥結しなければ、最終目的である労働者の権利・地位の向上は実現されません。そこで、法は、使用者には妥結義務がないことを前提としつつ、交渉を進展させることができる切り札として、労働組合に対して争議権を保障しました。これにより、労使は常に争議の可能性を意識し、かつ、極力それを回避しようとして団体交渉を行うことになりますから（争議は、労使双方にとってダメージが大きいものです）、争議が一定の心理的圧力となることで、交渉のいっそうの充実が促進されることになるのです。

それでは、争議行為が「正当なもの」であるか（正当性）どうかは、どのような基準で判断されるのでしょうか。

法律上、正当性の判断基準を具体的に示した条文はありませんが、解釈により、主体、目的、態様、手続の4つの観点から判断されるものとされています。

1　主体の正当性

争議行為は、あくまで団体交渉の促進手段としてのみ許されるものですか

ら、団体交渉を行う資格を有する者、つまり、労働組合によるものである場合にのみ正当性が肯定されます。

実務上、主体の正当性が問題になることは少ないですが、たとえば、冒頭の事例の疑問⑤のように、一部の先鋭的な組合員が組合の承認を得ずに勝手にストライキを行ったような場合（このようなストは「山猫スト」と呼ばれています）には、労働組合によるものと評価することはできませんので、正当性が否定され、民事免責が及ばないため、Y社は、DとNに対して懲戒処分を科したり、損害賠償を請求したりすることができます。

2 目的の正当性

団体交渉を促進し、当該労働契約関係における労働者の労働条件・地位を向上させることを目的とする場合にのみ正当性が認められます。

目的の正当性も、実務上問題になることは少ないですが、純粋な政治目的（労働法規の改正反対等）によるものは、その目的につき使用者の処分可能性がない（団体交渉で妥結しようがない）ため、正当性が否定されます。たとえば、三菱重工長崎造船所事件最高裁判決（最二小判平成4年9月25日労判618号14頁）は、原子力船「むつ」の佐世保入港等に抗議することを目的とした時限ストについて、「使用者に対する経済的地位の向上の要請とは直接関係のない政治的目的のために争議行為を行うことは、憲法28条の保障とは無関係なものと解すべき」として正当性を否定して、ストを企画した組合幹部に対する3〜5日の出勤停止処分を有効とした原審の判断を是認しました。

3 態様の正当性

刑事免責を規定した労組法1条2項ただし書は、「いかなる場合においても、暴力の行使は、労働組合の正当な行為と解釈されてはならない」と明記していますが、これは、民事免責においても同じです。

暴力の行使や使用者の財産の破壊は、いかなる場合においても正当化されません。あくまで労務の（部分的）不提供という消極的態様にとどまる限り（ピケッティングの場合は平和的説得の限り）において、正当性が認められます（後掲御國ハイヤー事件参照）。

4 手続の正当性

争議権は、あくまで団体交渉を進展させるために保障された権利ですから、

団体交渉の申入れを経ていない場合には、正当性が否定されます。冒頭の事例では、団体交渉を申し入れることなく争議行為に至っていますから、疑問①の回答は「認められない」、つまり、正当性がないということになります。

　正当性が認められるには、少なくとも、使用者が要求事項に対して使用者が団体交渉自体を拒否したか、または、団体交渉の場で要求を拒否したことが必要となります。なお、団体交渉が行き詰まりに達した場合にのみ争議行為に及ぶことができるのか、それとも、団体交渉開始後、どの段階で争議行為に及ぶかは組合の判断に委ねられるのか、については見解が分かれています（菅野労働法715頁は後者の見解を支持しています）。

　また、労働協約の中で争議行為を行う際の手続（組合側の予告義務や、一定期間の事前協議を経ること等）を定めた場合、それに反する争議行為も正当性が否定されます。また、協約上の具体的定めがなくとも、予告を経ないで抜き打ち的に行った場合には、信義則上、原則として正当性が否定されると解されています。なお、労働協約は、使用者と労働組合との間の契約としての性質を有するものですので、協約で定めた手続に違反する場合、組合は、契約違反としての債務不履行責任も負うことになります。

3　実務上の対応のポイント

　争議行為は、使用者にとっても組合にとっても少なからぬダメージを負うものですから、使用者としては、組合に争議権が保障されている趣旨を正しく理解したうえで、可能な限り、争議行為に至ることなく団体交渉の場で解決できるよう粘り強く誠実に対応すべきです。

　しかし、残念ながら争議行為が行われてしまった場合には、まずはその正当性の有無を検討します。そして、正当性が認められる場合には、一日も早い解決をめざすことになりますが、どうしても当事者間で解決することが難しいときは、都道府県労委に対し、労使のいずれか、または双方が、労働争議の調整手続（あっせん、調停および仲裁。労組法64条〜79条）の申請をして、第三者の手を借りて解決を図ることもできます。

　争議行為に正当性がある場合には、冒頭事例の疑問⑥のように、ストライキに参加したことを人事考課上考慮して査定を低くすることは、不利益取扱い（労組法7条1号）に該当するため違法です。

　他方、正当性がない場合には、組合や組合員に対する不法行為に基づく損

害賠償請求や、組合員（特に、違法な争議行為を手動した組合幹部）に対する懲戒処分を検討することになります。

　これに対し、争議行為中の賃金支払いの要否は、争議行為の正当性とは切り離して考えます。使用者が賃金支払義務を負うかどうかは、あくまで労働契約上の権利義務の問題であり、争議行為の正当性とは無関係だからです。

　まず、争議行為に加わった組合員の賃金は、ノーワーク・ノーペイの原則（民法624条1項）により、支払う必要がありません。よって、冒頭の事例の疑問③の回答は「支払わなくてよい」ということになります。この場合、支払わなくてよい賃金の範囲は、純粋に労務提供に対応する部分に限られるのか、それとも住宅手当・家族手当等の従業員たる地位に紐づいて支給されている生活補助的部分をも含むのかについては、あくまで個別的に、労働協約や就業規則上の定めや労使慣行があればそれに従って判断することとなり（三菱重工長崎造船所事件（最二小判昭和56年9月18日民集35巻6号1028頁）。結論として家族手当も含めてカットの対象としました）、労働協約等の具体的定めがない場合には、通常の遅刻・早退等の場合の取扱いを参考に、当該労働契約におけるノーワーク・ノーペイの原則の適用範囲を明らかにしてそれに従って判断します。

　冒頭の事例の疑問④のように、争議行為の不参加者の賃金の取扱いについての判例法理は、羽田空港でのストライキによって、スト対象外の大阪、沖縄営業所での就労が不必要になったため会社が休業を命じた事案であるノース・ウエスト航空事件最高裁判決（最二小判昭和62年7月17日民集41巻5号1350頁）において、「労働者の一部によるストライキが原因でストライキ不参加労働者の労働義務の履行が不能となった場合は、使用者が不当労働行為の意思その他不当な目的をもってことさらストライキを行わしめたなどの特別の事情がない限り、右ストライキは民法536条2項の『債権者ノ責ニ帰スヘキ事由』には当たらず、当該不参加労働者は賃金請求権を失う」ものと結論づけました。さらに、賃金は支払わないとしても、休業手当（労基法26条）の支給を要するかどうかについては、同一事案におけるノース・ウエスト航空事件最高裁判決（最二小判昭和62年7月17日民集41巻5号1283頁）は、ストライキに至った経緯を詳細に認定したうえで、ストライキの実施は、労働組合の主体的判断によるものであるため、使用者側に起因する経営、管理上の障害にはあたらないとして、休業手当の支給も不要と判断しました。もっとも、スト不参加者が組合員であるか非組合員であるかを分けて考え、非組

合員との関係では、使用者側の事情による労務不提供と評価できることから、休業手当を支給すべきという見解もあります。

4　裁判例・命令などの紹介

○　書泉事件（東京地判平成4年5月6日労判625号44頁）
　→　書店前での座り込み等によるピケ行為につき、「その態様は、顧客に対する不買の呼びかけやビラの配布に止まらず、……およそ顧客が自由に出入りして購入したい本を探せるような雰囲気ではない状況を作出したうえ、……実力をもって入店を阻止するというものであり、……平和的説得の範囲を超えたものであって違法である」として、組合と組合役員の双方に対し、共同不法行為に基づく連帯責任として、売上減少等による損害9771万1000円（請求金額全額）の賠償を命じた事例。

○　御國ハイヤー事件（最二小判平成4年10月2日労判619号8頁）
　→　ストライキの態様における正当性について、「その本質は労働者が労働契約上負担する労務供給義務の不履行にあり、その手段方法は労働者が団結してその持つ労働力を使用者に利用させないことにあるのであって、不法に使用者側の自由意思を抑圧しあるいはその財産に対する支配を阻止するような行為をすることは許され」ないことを前提として、業務に使用する自動車を労働者側の排他的占有下に置いたことは正当性を欠くとして、会社の組合員に対する損害賠償請求を肯定した事例。

第24講 企業再編と集団的労使関係
企業再編は集団的労使関係にどのような影響を及ぼすか？

　近時、合併、事業譲渡、会社分割などによる企業の組織再編がさかんに行われています。組織再編は、再編それ自体や、再編に伴って行われることの多い労働条件の不利益変更により、労働者に大きな影響を及ぼすものです。そのため、労働紛争が生じる可能性は大きく、ひとたび紛争が発生すれば、再編計画全体に重大な支障を来す場合もあり、労働問題の上手な対処こそ、再編成功の鍵を握るといっても過言ではありません。

　本講では、労働組合や労働協約などの集団的労使関係に焦点をあてて、組織再編を行う際に注意すべきポイントをまとめてご紹介します。組織再編時には本書で検討してきた論点の知識が横断的に必要になりますので、本講は、ここまでの復習としてもご活用ください。

1　組織再編の種類と労働関係に与える影響

　組織再編の類型には、主に、合併、事業譲渡、会社分割、株式譲渡の４つがあります。まず初めに、これらの異同と労働関係に与える影響を整理しましょう。

	法的効果	個々の労働契約関係に与える影響	労働協約に与える影響
合併	包括承継（吸収合併：会社法750条１項、新設合併：同法754条１項）。合併前の権利義務関係が全部そのまま移転する。	合併前の労働条件が、全部そのまま合併後の会社に引き継がれる。労働者の個別同意は不要。	合併前に締結していた労働協約は、全部そのまま合併後の会社に引き継がれる。

事業譲渡	特定承継。譲渡・譲受会社間の合意によって、どの権利義務関係が譲受会社に承継されるかが決まる。	どの労働契約を譲受会社に承継させるかは、譲渡・譲受会社間で原則として自由に決定することができるが、承継させる場合には、労働者の個別同意が必要（民法625条1項、いわゆる転籍）。	どの労働協約を譲受会社に承継させるかは、譲渡・譲受会社間で原則として自由に決定することができる（当然には承継されないことを前提とする裁判例として、インチケープマーケティングジャパン事件（大阪地判平成10年8月31日労判751号23頁））。
会社分割	部分的包括承継（吸収分割：会社法759条1項、新設分割：同法764条1項）。吸収分割契約／新設分割計画に承継する旨が記載された権利義務は、全部そのまま移転する。	吸収分割契約／新設分割計画に承継する旨が記載された労働契約関係は、労働者の個別同意なくして、当然に承継会社／新設会社に引き継がれる。（労働者からの異議申出による例外あり）	承継対象となる労働者が所属する組合との労働協約は、分割会社との関係でそのまま残存するとともに、承継会社／新設会社との間で同一内容の労働協約が締結されたものとみなされる（労働契約承継法6条3項）。
株式譲渡	経営権が移転するのみで、権利義務関係への影響なし。	影響なし。	影響なし。

　以上のうち、労働関係に関する法整備がなされているのは、会社分割だけです（平成12年、会社分割に伴う労働契約の承継等に関する法律（労働契約承継法）制定）。

2　組織再編に伴う労働条件等の確認・統一の際の注意事項・検討事項

1　再編前の確認のポイント

　組織再編では、労働契約の当事者が変更になることはあっても、労働契約

の内容（労働条件）は当然には変わりません。合併や会社分割は「包括」承継ですから、従前の労働条件は合併・分割後の会社へそのまま何ら変更なく移転することになりますし、事業譲渡の場合でも、労働者の同意なき限り労働条件を変更することはできません。合併等の組織再編行為には、労働条件を当然に変更する効力はないということを、まず理解することが大切です。また、組織再編を行うことが労働条件の引下げを当然に正当化するものではないことも、正しく理解しておく必要があります。

このように、組織再編行為に労働条件を変更する効力はないため、何もしなければ、再編後の会社では、複数の労働条件が併存することになり、その結果、労務管理が非常に煩雑になったり、従業員間の衡平性を欠いたりすることになりかねません。そのため、通常は、再編に伴って、両社の労働条件を擦り合わせて統一しようとすることが広く行われます。統一のタイミングとしては、合併等に先立って労働条件をあらかじめ変更しておき、再編の効力発生時には労働条件が揃っているのがベストですが、再編前に統一できなかった場合には、再編後に引き続き統一作業を行っていくことになります（再編後の会社に複数の労働組合が併存することになる場合には、使用者の中立義保持務に注意しながら交渉を継続⇒第9講）。

労働条件の統一にあたっては、事前に両社の労働条件をすべて洗い出して漏れなく確認し、細かく比較して、それをふまえて統一の方向性を見出すことが大変重要になります。集団的労使関係の観点から、洗い出し作業において重要なポイントを、以下に整理します。

① 労働条件に関する労働協約の有無・内容の確認

労働協約は、就業規則や個別労働契約に優先する効力を有していますから（労働協約の規範的効力、労組法16条⇒第11講）、就業規則だけでなく、労働協約の有無・内容を確認することが重要です。

また、労働協約の一般的拘束力（労組法17条⇒第12講）によって規律されている労働条件がないかということや、再編による一般的拘束力への影響の有無（同一事業場の同種の労働者の4分の3以上が同一組合の組合員であることが一般的拘束力の存続要件です）についても確認しておくべきです。さらに、解約の可否や解約予告時期も把握するため、労働協約の有効期間も正しく把握しておくことが大切です（⇒第13講）。

労働協約は、労働組合と使用者の双方が書面に署名または記名捺印することによって成立します（労組法14条、労働協約の要式性⇒第10講）。必ず書面を

もって締結される必要がありますが、「労働協約」「合意書」「覚書」といった名称でなくても（たとえば「団交議事録」といった名称であっても）、労働組合・使用者の双方が労働条件に関して署名または記名捺印した書面は、すべて労働協約としての性質を有することになります。

労働協約の存否を漏れなく確認することで、どのような労働条件が、何をもって規律されているのか（労働協約であるのか、就業規則であるのか、個別契約であるのか）を把握することが、労働条件統一の第一歩となります。また、この作業を通じて、再編の相手方会社のこれまでの労務管理状況や、労働組合との関係性、労働組合の方向性を把握することも重要です。

② 労働条件以外の組合活動等に関する労働協約の有無・内容の確認

労働協約には、大きく分けて、労働条件に関する約束をしたものと、労働条件以外の組合活動等に関して約束をしたものとがあり（たとえば、組合掲示板の設置許諾や使用条件、組合員の範囲、ユニオン・ショップ、チェック・オフに関する労働協約）、後者には規範的効力は生じませんが、労働組合・使用者間の契約として債務的効力があります（⇒**第11講**）。

合併や会社分割のように、労働協約が再編後の会社にそのまま引き継がれる場合には、組合活動等に関する労働協約の中で約束した事項は、再編後の会社が引き続き労働組合に対して債務を負うことになりますから、①と同様に、事前に漏れなく確認しておくことが重要です。そして、再編に伴って社屋が変わるため十分なスペースを確保できなくなる場合など、再編後に同様の便宜供与の提供が困難になる場合には、事前に団体交渉をするなどして組合の理解を求め、労働協約の破棄・再締結等を試みるべきです。どうしても組合の理解が得られない場合には、期間の定めのない労働協約であれば一方的に解約することもできますが（労組法15条3項・4項⇒**第13講**）、安易に解約すれば労使の対立がいっそう深刻になることは必至ですので、可能な限り十分な話し合いを行うべきです。

2　労働条件の統一のポイント

再編両社のそれぞれの具体的労働条件が明らかになり、統一の方向性が定まったら、いよいよ統一に向けた折衝を始めることになります。統一の手段としては、社内に組合があり、かつ、労働協約によって労働条件が規律されている場合には、大きく分けて、

　A　従前の労働協約の解約＋新たな労働協約の締結（＋就業規則変更）

B　従前の労働協約の解約＋就業規則の（不利益）変更

がありますが、まずは、Aを試み、どうしても組合と合意に至らなかった場合に限って、Bによるべきです。

(1)　Aについて

　労働協約は、就業規則や個別労働契約に優先する効力を有していますので、労働協約を締結しさえすれば、有利不利を問わずただちに労働条件を統一することができます（ただし、効力が及ぶのは、原則として組合員のみですが、一般的拘束力により拡張適用される場合があります⇒第12講）。

　また、労働協約の締結による労働条件の引下げは、労働者側の合意がベースになっている点で、就業規則の不利益変更よりも広くその有効性が認められます（労働協約の不利益変更は、原則として有効であり、「特定の又は一部の組合員を殊更不利益に取り扱うことを目的として締結されたなど労働組合の目的を逸脱して締結されたもの」といえる場合のみ例外的に効力が否定されます。朝日火災海上保険（石堂）事件最高裁判決（最一小判平成9年3月27日労判713号27頁）より⇒第11講）。

　そして、労働協約が締結できた場合には、通常、その内容に合わせて、就業規則も変更しておきます。労働協約は、将来的に破棄される可能性がありますが、就業規則であればその可能性はありません。また、就業規則の不利益変更に該当する場合であっても、組合側の同意がある場合には合理性（労契法10条）が肯定される方向に強く傾きます（第四銀行事件最高裁判決（最二小判平成9年2月28日民集51巻2号705頁）は、「本件就業規則の変更は、行員の約90パーセントで組織されている組合との交渉、合意を経て労働協約を締結した上で行われたものであるから、変更後の就業規則の内容は労使間の利益調整がされた結果としての合理的なものであると一応推測することができ、また、その内容が統一的かつ画一的に処理すべき労働条件に係るものであることを考え合わせると、被上告人において就業規則による一体的な変更を図ることの必要性及び相当性を肯定することができる。」と述べています）。

(2)　Bについて

　さらに、結果的にBによらざるをえない場合であっても、事前に十分な団体交渉を経ていることが、就業規則の不利益変更の合理性を基礎づける重要な事情となりますので（労契法10条）、このことからも、労働組合との真摯かつ充実した交渉は非常に大切です。

　なお、労働協約の解約に関する留意点は、**第13講**を参照してください。

3 労働条件統一の際の団体交渉における労組法上の使用者性

　再編前の時点で、再編後の労働条件について組合から団体交渉の申入れを受けることがあります。たとえば、A社がB社を吸収合併し、A社の労働条件に統一しようとしている場合に、B社の従業員Bらが所属する組合が、合併前の時点で、合併後の労働条件を団交事項としてA社（またはA・B両社）に対して団交を申し入れるというケースです。

　この場合、合併前の時点では、A社・Bら間に労働契約関係は存在しませんが、労組法上の使用者性と労契法上の使用者性は別物ですから（労組法上の使用者性⇒第3～5講）、A社も使用者として団体交渉に応じなければならない場合がありますので、安易に団体交渉を拒絶しないよう注意が必要です。また、団体交渉に応じるべき場合には誠実に対応する必要があります（⇒第7講）。

＜参考：西武バス事件（都労委命令平成24年1月24日中労委データベース）＞
　西武自動車が親会社である西武バスに吸収合併されることになり（合併は当初平成21年12月1日を予定。その後、平成22年12月1日に延期）、合併後の労働条件を西武バスに統一する方向で検討していたところ、平成21年10月16日、西武自動車の従業員が加入する労働組合が、両社に対して団体交渉を申し入れた事案。西武自動車は団体交渉に応じたが、西武バスは、同月30日、組合員が同社の従業員ではないとして拒否。
　これに対して都労委は、「21年11月30日時点で、合併までには約1年間の期間があったものの、合併後の労働条件の統一等を協議するには一定の時間を要するものであるから、合併後の労働条件について実質的に決定し得る地位にあった西武バスは、合併を約1年後に控えた時点で、近い将来組合らとの間に雇用関係の成立する可能性が現実かつ具体的に存する組合員らの使用者として、合併後の労働条件について団体交渉に応ずべき地位にあった」「西武自動車が組合との団体交渉に応じていたことは、西武バスが組合との団体交渉を拒否する正当な理由とはならない」と判断して、西武バスの労組法上の使用者性を肯定した。

3 承継する労働者の選択に関する不当労働行為（事業譲渡の場合）

　再編後の会社にどの労働契約（労働者）を承継させるかについて、使用者による選別の可否は下表のとおりです。

合併	会社分割	事業譲渡
×（選別の余地なし。全員が当然に承継される）	△（選別の余地は一応あるが、労働者の異議によって強制的に変更される場合あり）	○（譲渡・譲受会社間で自由に選別決定できる）

　このように、事業譲渡の場合には、原則として、どの労働契約を承継させるかを使用者が譲受会社との間で自由に選別することができます。しかし、事業譲渡契約によって特定の労働者の承継を排除したり、譲渡会社が従業員全員を解雇して譲受会社が元従業員の一部を採用しなかったりすることが広く認められれば、解雇法理（労契法16条）の潜脱を許すことにもなりかねないことから、特定の従業員を恣意的に排除する合意を公序（民法90条）違反として無効としたり、法人格濫用法理を用いたりして、譲受会社への労働契約の承継を認めるという裁判例が多数あります。たとえば、東京日新学園事件判決（東京高判平成17年7月13日労判899号19頁）は、「営業譲渡契約において雇用契約関係を引き継がない合意をすることが自由であるとしても、その合意が、労働組合を壊滅させる目的でされたり、一定の労働者につきその組合活動を嫌悪してこれを排除する目的でされたものと認められる場合には、そのような合意は、公序（憲法28条、労組法7条）に反し、無効であるというべきである。」と述べています（結論としては、有効）。

　また、不当労働行為との関係では、譲受会社にとって、譲渡会社からの労働契約の承継は、採用に該当するところ、採用の場面では、黄犬契約（労組法7条1号本文後段）以外の不当労働行為は原則として成立しないというのが判例法理です（JR北海道・日本貨物鉄道（不採用）事件最高裁判決（最一小判平成15年12月22日民集57巻11号2335頁）は、「雇入れの拒否は、それが従前の雇用契約関係における不利益な取扱いにほかならないとして不当労働行為の成立を肯定することができる場合に当たるなどの特段の事情がない限り、労組法7条1号本文にいう不利益な取扱いに当たらないと解するのが相当である」と述べています。前掲東京日新学園事件判決も、これを引用して不当労働行為の成立を否定しました）。

　しかし、青山会事件判決（東京高判平成14年2月27日労判824号17頁）は、病院間の事業譲渡（全部譲渡）のケースで、他の看護師については、希望者全員の労働契約を譲受病院に承継させたのに、組合に所属していた2名だけ面

接をすることもなく承継を拒否したことについて、一切の事実経緯をふまえて、「採用の実態は、新規採用というよりも、雇用関係の承継に等しいものであり、労組法7条1号本文前段が雇入れについて適用があるか否かについて論ずるまでもなく、本件不採用については同規定の適用があるものと解すべき」として不当労働行為（不利益取扱い）の成立を認めました。このように、譲渡の態様次第では、前掲JR北海道・日本貨物鉄道（不採用）事件最高裁判決のいう特段の事情の存在が認められる場合がありますので、注意が必要です。不当労働行為に該当すると採用が事実上強制されます（前掲青山会事件の中労委命令平成11年2月17日（労判757号88頁）では、譲受病院が看護師として採用することおよびバックペイの支払いが救済命令として命じられています）。

4 会社分割と集団的労使関係

1 個別的労働契約の承継のルール

労働契約承継法上、次のとおり定められています。

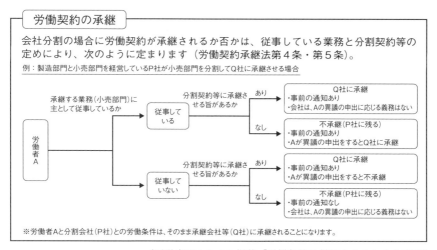

（厚労省Webサイト掲載「労働契約承継法Q＆A」より引用）

2 会社分割による労働組合への影響

会社分割後の労働組合の組織をどうするか（別組織を立ち上げるかどうか等）については、労働組合が自主的に決定すべきことであり、会社がその決

定に関与したり、意見を述べたりすることは、支配介入（労組法7条3号⇒第15講）に該当しますので注意してください。

3 労働協約の承継のルール

労働契約承継法6条で次のとおり定められています。
① 分割会社は、吸収分割契約／新設分割計画に、既存の労働協約のうち、承継会社／新設会社が承継する部分を定めることができる（6条1項）。
② 分割会社・承継会社／新設会社間で承継させることを合意した労働協約の債務的部分は、分割の効力が生じた日に、承継会社／新設会社に承継される（6条2項）。
③ 個別労働契約が承継会社／新設会社に承継されるときは、分割会社の既存の労働協約のうちの規範的部分は、分割の効力が生じた日に、承継会社／新設会社との間で同一の内容の労働協約が締結されたものとみなす（6条3項）。

つまり、労働協約の債務的部分については、承継するかどうかは会社間で自由に決定することができますが（①②）、なお、厚生労働省の「労働契約承継法Q&A」Q47では、組合事務所貸与という便宜供与を例として、「『会社は、労働組合に対し100㎡の規模の組合事務所を貸与する』という労働協約の内容のうち、『40㎡分の規模の組合事務所を貸与する義務については当該会社に残し、残り60㎡分の規模の組合事務所を貸与する義務については設立会社に承継させる。』という内容の記載をし、それについて合意することも可能です。」と説明されています）、労働条件その他の労働者の待遇に関する基準を定めた規範的部分については、それによって規律される個別労働契約が承継される限り、自動的に、承継会社／新設会社と労働組合との間でも、同一の労働協約が成立することになるのです（③）。これは、分割会社に残存する労働者と、承継／新設会社に承継される労働者の双方が、労働協約の存在によってこれまで享受してきた利益を失わないようにするためです（規範的部分・債務的部分の区分については第11講参照）。

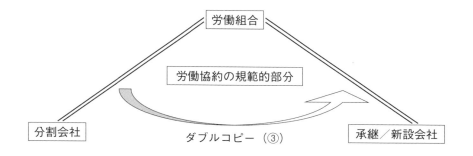

　③のルールは、同一内容の労働協約を分割会社と承継／新設会社の両方に成立させるもので、「ダブルコピー」と呼ぶことがあります。ダブルコピーは、法律上のみなし制度ですから、分割会社・組合間の合意によっても排除することはできません。

　また、「みなし」を定めた6条3項は、労働協約の要式性を定めた労組法14条の特則に位置づけられますから、書面性を欠いても労働協約は自動的に成立することになります（厚生労働省「労働契約承継法Q&A」Q49）。

　なお、労働協約の承継に関しては、「分割会社及び承継会社等が講ずべき当該分割会社が締結している労働契約及び労働協約の承継に関する措置の適切な実施を図るための指針」（平成12年12月27日労働省告示第127号、平成24年最終改定、以下「承継指針」といいます）第2・3以下にも詳述されていますので、そちらも参照してください。労基法上の労使協定の取扱いについても、同指針第2・3(3)ロで説明されています。

4　事前の通知義務

　労働契約承継法では、会社分割前に一定の事項を、分割会社との間で労働協約を締結している労働組合に通知しなければならないとしています（2条2項、同法施行規則3条）。組合員の承継の有無にかかわらず、分割会社との間で1つでも何らかの労働協約を締結している労働組合は、通知の対象になりますので、注意が必要です。

　また、承継指針第2・1(3)は、「労働組合の組合員が当該分割会社との間で労働契約を締結している場合には、当該分割会社は、当該労働組合との間で労働協約を締結していない場合であっても、当該労働組合に対し、法第2条第2項の規定の例により通知を行うことが望ましいこと。」としています。

5　労働者側との協議義務

　平成12年商法等改正法附則5条1項は、「この法律による改正後の商法及び有限会社法の規定に基づく会社の分割に伴う労働契約の承継に関しては、分割をする会社は、分割計画書又は分割契約書を本店に備え置くべき日までに、労働者と協議するものとする。」と定めています（この協議を「5条協議」と呼ぶことがあります）。これは、個別の労働者との協議義務を定めたものですが、労働者は、この協議における自らの代理人として、労働組合を選任することもできます（厚生労働省「労働契約承継法Q&A」Q21）。

　また、労働契約承継法7条は、「分割会社は、当該分割に当たり、厚生労働大臣の定めるところにより、その雇用する労働者の理解と協力を得るよう努めるものとする。」と定めており（これを「7条措置」と呼ぶことがあります）、同法施行規則4条は、過半数代表者または過半数組合との間で協議をすることを求めています。

　5条協議をまったく行わなかった場合や、一応行ったとしても分割会社からの説明や協議の内容が著しく不十分であった場合には、分割手続に重大な瑕疵があることから、労働者は、労働契約承継の効力（労働契約承継法3条）を争うことができるとされています。また、7条措置については、それ自体が直接に承継の効力を左右するものではないものの、7条措置において十分な情報提供等がされなかったために5条協議がその実質を欠くこととなったという特段の事情がある場合には、5条協議義務違反の有無を判断する一事情として7条措置が問題となる、とされています（以上、日本アイ・ビー・エム事件最高裁判決（最二小判平成22年7月12日民集64巻5号1333頁）より）。

　このように、5条協議や7条措置は、労働契約承継の効力をも左右しうる重要なものですから、丁寧かつ十分に行い、可能な限り労働者側の理解を得るようにすることが大切です。

　なお、5条協議や7条措置と並行して、労働組合から分割に関する団体交渉の申入れがあった場合、5条協議や7条措置を十分に行ったことや、現在行っていることは、団体交渉を拒否する正当な理由（労組法7条2号）にはなりませんので、この点も注意が必要です（厚生労働省「労働契約承継法Q&A」Q15、19）。

6　不当労働行為責任の承継

　承継／新設会社が、会社分割による事業の承継により、労組法7条の使用者としての地位をも分割会社から承継したといえる場合には、分割会社について分割前に生じた不当労働行為責任は、吸収分割契約または新設分割計画に具体的に列挙されていなくても、事業に付随して、承継／新設会社が承継することになります（国・中労委（阪急交通社）事件（東京地判平成25年12月5日労判1091号14頁）。なお、この事件は控訴審にて訴え取下げにより終了）。

第25講 不当労働行為の救済手続

不当労働行為救済申立事件は、労働委員会においてどのような流れで審理されるか？

　使用者が不当労働行為（⇒Key word⑦）を行ったとき、労働組合は、労働委員会（⇒Key word⑧）に対し、不当労働行為によって被った影響の排除・是正・回復を求めて救済の申立てをすることができます。

　たとえば、労働組合が申し入れた団体交渉を使用者が正当な理由なく拒絶した場合、労働組合は、労働委員会に対し、使用者へ団交応諾命令を発令するよう求めることができます。

　本講では、労働組合が労働委員会に救済を申し立てた場合の審理手続について解説します。

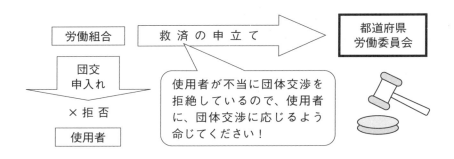

1 労働委員会における解決と裁判所における解決の違い

　労働委員会における不当労働行為の救済手続は、労組法が整備した特別の救済手続であり、裁判所における司法的紛争解決手続とは異なるものです。

　労働委員会という労使関係に関する専門的な判定機関が中立的な立場から事実関係を調査したうえで紛争解決のための一定の結論を示すという点では、裁判所の判決による解決と似た構造を持っていますが、労働委員会は行政機

関であり、労働委員会による救済命令という行政処分によって紛争を解決することを目的としています。

2 救済手続の流れ

労働委員会には、各都道府県に設置されている都道府県労働委員会（都道府県労委）と、国に設置されている中央労働委員会（中労委）とがあります。東京都の場合、東京都労働委員会（都労委）が都庁内に設置されています。また、中労委は、東京都港区内にあります。

救済を求める労働組合は、まず、不当労働行為の当事者である労働者や労働組合の所在地、使用者の主たる事務所の所在地、または不当労働行為が行われた地を管轄する都道府県労委に救済の申立てをします（労組法施行令27条1項）。そして、都道府県労委は、第1次審査（「初審」といいます）を行ったうえで、命令（「初審命令」といいます）を出します。その内容に不服がある当事者は、中労委に第2次審査を求めることができます。第2次審査の結果、中労委が出した命令になお不服のある当事者は、さらに裁判所に対し、中労委の命令の取消しを求める行政訴訟を提起することができます。

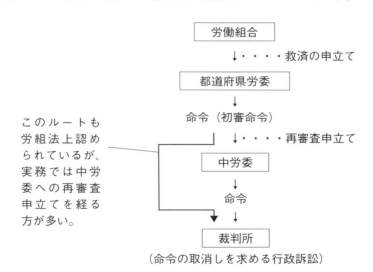

3　労働委員会の構成

　労働委員会は、公益委員、労働者委員、使用者委員の各委員によって構成されます。公益委員は、労働法学者や弁護士など、労働実務に精通した学識経験者から選任され、労働者委員、使用者委員も、それぞれ労働組合や使用者団体の推薦を受けて選任されます。どのような経歴の人が選任されているかは、各労働委員会のホームページで公表されています。
　事件ごとに、担当の公益委員・労働者委員・使用者委員が各1名ずつ選任されます。審理の進行役を務めるのは公益委員ですが、労働者委員・使用者委員も審理に参与し、意見を述べたり、和解に向けた調整に尽力したりします。
　命令の内容は、全公益委員による合議（公益委員会議）によって決定されます。労働者委員・使用者委員は、命令内容の決定には立ち入りません。

4　申立てから命令までの流れ

　労働委員会における審査は、

申立て → 調査 → 審問 → 結審 → 合議 → 命令

という流れで行われます。なお、申立手数料は、無料です。
　救済の申立てがあると、当事者の主張や争点を整理するための調査期日が複数回にわたり開かれます。各当事者は、調査期日において、主張・反論を記載した書面や、自身の主張を裏づける証拠書類を提出します。そして、争点と、それに対する各当事者の主張内容が明らかになった段階で、必要に応じて審問（証人尋問）が行われます。
　審理期間の目標（労組法27条の18）を、現在、都労委は1年6か月、中労委は1年3か月と設定しています。
　労働委員会は、審査の途中において、いつでも、当事者に和解を勧めることができるものとされています（労組法27条の14第1項）。都労委でも中労委でも、半数以上の事件が和解もしくは取下げにより終了しており、実際、和解の調整のために調査期日が重ねられることが多いです。
　都労委が公表しているところによれば、平成20年1月1日以降の新規申立事件672件のうち、平成25年12月末までの6年間に終結した事件は488件、こ

のうち1年6か月以内に終結した事件は350件、終結事件488件にかかる平均処理日数は406.9日です（都労委のWebサイトより）。

　使用者側としては、いったん救済の申立てがなされると、初審だけでも1年以上にわたり審理が続く可能性が高いことを十分に認識しておく必要があります。このように長期にわたって審理が行われている背景としては、事案が複雑で争点の整理に時間がかかる場合ももちろんありますが、そのような事案でなくとも、労働委員会が当事者に対して和解による早期円満解決を粘り強く勧め、そのための調整に時間がかかるケースが多いものといえます。和解に向けた調整では、労働者委員・使用者委員が積極的かつ重要な役割を担っています。

5　第1回調査期日を迎えるまでの使用者側の対応

　救済の申立てがあると、都道府県労委から使用者（被申立人）に対し、労働組合が提出した不当労働行為救済申立書（**資料1**（本書202頁））とともに、「不当労働行為調査開始通知書」が交付されます。その中で、答弁書の提出指示と提出期限が明記されていますので、提出期限までに、答弁書（**資料2**（本書204頁））とその内容を裏づける証拠書類を提出する必要があります。答弁書の提出期限は、被申立人が申立書を受領した日から約10日後の日に設定されるので、至急の対応が必要です。

　被申立人から答弁書の提出を受けたうえで、第1回調査期日が開かれます。第1回調査期日の日時は、両当事者の都合をふまえて決定されます。

6　調査期日の流れ

　公益委員、労働者委員、使用者委員および両当事者が一堂に会して、調査期日が開かれます。

　一般的な流れとしては、冒頭、両当事者対席のもと、公益委員が両当事者からの提出書類を確認したり、その内容について質問したりします。そのうえで、各当事者から個別に（他方当事者を退室させて）、さらに当事者の意見や和解に関する意向を詳しく聴きます。相手方が意見を聴かれている間は、申立人・被申立人ごとにそれぞれ設けられた控室にて待機します。

　事件や進行状況によりますが、1回あたりの調査期日の所要時間は、1〜

2時間程度のことが多いです。

　各当事者からの意見聴取が終了したら、最後に、再び両当事者対席のもと、次回までの準備事項や検討事項を確認し、次回の調査期日の日程を決めて終了します。

7　審問期日の内容

　審問期日では、労使双方がそれぞれ申し出た証人の尋問を実施します。

　証人尋問の実施手続は、基本的に訴訟における証人尋問と同じです。証人が宣誓したうえで、まずは、その証人を申請した当事者による主尋問が行われ、そのうえで、相手方当事者による反対尋問が行われます。さらに、公益委員や労働者・使用者委員からも質問がなされる場合があります。

　労働委員会では、当事者の公平を期すため、主尋問時間と反対尋問時間を同一に揃えることが多いようです。なお、審問は公開されますので、労働組合が組合員に動員をかけ、傍聴席が多くの組合員で埋まることがあります。

8　命令の内容

　審査の結果、申立要件を欠いている場合（例：申立人が法適合組合（労組法2条、5条⇒第1講）ではない場合、不当労働行為がなされた日から1年経過後に申立てがあった場合（労組法27条2項））には申立てが却下され、申立てに理由がない場合（例：団体交渉の拒否に正当な理由がある場合、不利益取扱いについて不当労働行為意思が認められない場合）には棄却されます。これに対し、申立てに理由がある場合には、救済命令が発出されます。

　労働委員会による救済命令は、上記1で述べたように、行政処分としての性質を有していることから、裁判所が判決をする場合と異なり、どのような内容の救済命令を命じるかは、労働委員会に広い裁量が与えられています。

　このように、救済命令の内容について労働委員会に広い裁量が与えられている趣旨につき、救済命令の取消訴訟の上告審で、最高裁は次のように述べています（第二鳩タクシー事件（最大判昭和52年2月23日民集31巻1号93頁））。

> ……法が……労働委員会という行政機関による救済命令の方法を採用したのは、使用者による組合活動侵害行為によって生じた状態を右命令によって直接是正することにより、正常な集団的労使関係秩序の迅速な回復、確保を図るとともに、使用者の多様な不当労働行為に対してあらかじめその是正措置の内容を具体的に特定しておくことが困難かつ不適当であるため、労使関係について専門的知識経験を有する労働委員会に対し、その裁量により、個々の事案に応じた適切な是正措置を決定し、これを命ずる権限をゆだねる趣旨に出たものと解される。

「正常な集団的労使関係秩序の迅速な回復・確保」のため、申立人の主張に理由がある場合、事案ごとに、さまざまな内容の救済命令が出されます。たとえば、派遣労働者が組織する労働組合から申入れのあった団体交渉を派遣先が拒否した阪急交通社事件（都労委命令平成23年9月20日労判1035号170頁⇒**第4講**）では、初審の都労委は、派遣先の使用者性を認めて団交拒否の正当性を否定し、派遣先に対し「平成○年○月○日付で被申立人会社に申し入れた団体交渉事項のうち、労働時間管理に関する団体交渉に誠実に応じなければならない」旨の団交を命じる救済命令に加えて、以下の文書を組合側に交付するよう命じました。

平成○年○月○日

○○労働組合執行委員長○○殿

株式会社阪急交通社
代表取締役　○○○○

　当社が、労働時間管理に関する貴組合からの団体交渉の申入れを拒否したことは、東京都労働委員会において不当労働行為であると認定されました。今後、このような行為を繰り返さないよう留意します。

不当労働行為が認められる場合に、このような謝罪文の交付や掲示（いわゆる「ポスト・ノーティス」）が命じられることはよくあります。最終的には、文章の表現、形状、掲示等の具体的方法については、労働委員会の合理的裁量によって決定されます。

また、誠実団交義務違反が認められる場合には、特定の団交事項につき回答の根拠となる資料（財務資料等）の提示や具体的説明が命じられたり、団体交渉への社長の出席が命じられたりすることもあります。

このほか、解雇・雇止め・降格・配転等の使用者の労働者に対する具体的

行為が不利益取扱いや支配介入に該当すると認定された場合には、その撤回とバックペイ（解雇・雇止め後の賃金）・差額賃金等の支払い、原職への復帰、特定の業務や職場への配転等が命じられることになりますし、将来における不利益取扱いや支配介入に該当する行為の禁止が命じられる場合もあります。

このように、救済命令の内容は、非常に柔軟で、かつ多岐にわたるという点が、裁判所における判決との違いです。

9　命令の確定

都道府県労委の命令（救済・棄却・却下）に対し、不服がある当事者は中労委に対して再審査を申し立てるか、または都道府県労委を被告として地方裁判所に取消訴訟を提起することができ、これらのいずれもない場合は、命令が確定します（労組法27条の13第1項）。

なお、取消訴訟の提訴期間は、使用者側と労働組合側で差がありますので注意が必要です（使用者側のみ労組法が行政事件訴訟法の特別法として優先適用される結果、短くなります。中労委命令についても同様です）。

　中労委への再審査申立て……労使ともに、命令書の交付を受けた日から15日以内（労組法27条の15第1項、第2項）

　初審命令の取消訴訟の提起……使用者は命令書の交付を受けた日から30日以内（労組法27条の19）、労働組合は6か月以内（行政事件訴訟法14条1項）

中労委による命令は、不服のある当事者が提訴期間内に中労委を被告として東京地方裁判所に取消訴訟を提起しない場合には、確定します（労組法27条の17の準用する27条の13）。

提訴期間は、使用者は命令書の交付を受けた日から30日以内（労組法27条の19）、労働組合は6か月以内（行政事件訴訟法14条1項）です。

なお、労働組合が取消訴訟を提起する場合は、使用者は被告とはなりませんが、補助参加（民事訴訟法42条）するのが一般的です（使用者が取消訴訟を提起する場合も、労働組合が補助参加します）。

10　労働委員会の救済命令に違反した場合の罰則

労働委員会による救済命令は、以下の罰則によってその実効性が担保されています。

① 救済命令が労働委員会にて（裁判所の手続を経ずに）確定した場合
　→　違反した使用者は、50万円（救済命令が作為を命ずるものであるとき*は、その命令の日の翌日から起算して不履行の日数が5日を超える場合にはその超える日数1日につき10万円の割合で算定した金額を加えた金額）以下の過料に処する（労組法32条）。なお、「過料」とは、秩序罰たる行政罰を意味し、刑罰ではありません。

　　*労働者の原職復帰、バックペイの支払い、ポスト・ノーティス、団交応諾等の使用者に何らかの行為を義務づける命令のこと。

② 救済命令を支持した裁判所の判決が確定した場合
　→　違反する行為をした者は、1年以下の禁固もしくは100万円以下の罰金に処し、または併科する（労組法28条）。
　　こちらは、刑罰です。禁固刑を法人に科すことはできないため、罰則の対象が「違反した使用者」ではなく「（違反する）行為をした者」と規定されています。「（違反する）行為をした者」とは、「使用者である法人のために救済命令等の履行を確保すべき立場にあり、実質的にその権限を有する者」をいうものと解釈されています。

①では、あくまで行政上の秩序に反するにとどまっていますが、②では、裁判所の確定判決を無視するという強い反社会性が認められるので、②の方がより重い罰則が予定されています。

【資料１】不当労働行為救済申立書

記載例

不当労働行為救済申立書

平成　年　月　日

東京都労働委員会　会長　　　　　　殿

申立人　　所在地　〒
　　　　　名称
　　　　　代表者役職氏名
　　　　　電話　　　　　　　ＦＡＸ
　　　　　（個人申立ての場合は、住所、氏名、電話、ＦＡＸを記載してください。）

被申立人　所在地　〒
　　　　　名称
　　　　　代表者役職氏名
　　　　　電話　　　　　　　ＦＡＸ

　被申立人の行為は、次のとおり労働組合法第７条第　号に該当する不当労働行為であるので、審査の上、下記の救済命令を発するよう申し立てます。

申立人　　名称
　　　　　代表者役職氏名　　　　　　　　㊞
　　　　　（署名又は記名押印。個人申立ての場合は、氏名を記載してください。）

　請求する救済の内容（１、２…のように箇条書き）
【労働組合法第７条第１号又は第４号該当の場合の例】
○　被申立人は、組合員〇〇に対する平成〇年〇月〇日付解雇通知を取り消し、同人を原職に復帰させ、解雇の翌日から復帰までの間の賃金相当額を支払わなければならない。
○　被申立人は、組合員〇〇の〇年度の賃金を〇級〇号に是正し、既に支払われた賃金・一時金との差額を支払わなければならない。
【労働組合法第７条第２号該当の場合の例】
○　被申立人は、申立人組合が平成〇年〇月〇日付けで申し入れた〇〇についての団体交渉を、〇〇を理由に拒否してはならない。
【労働組合法第７条第３号該当の場合の例】
○　被申立人は、管理職らをして申立人組合の活動に対する批判、誹謗などの言動を行わせてはならない。

不当労働行為を構成する具体的事実（各事実に対応する書証の番号を記載してください。）
【労働組合法第7条第1号該当の場合の記載要領】
① 解雇・配転・処分などの場合
・ 解雇などの年月日・理由
・ 解雇などの理由に対する反論
　（解雇などの真の理由が、組合活動をしたことによるものであるなどの事実とその主張）
② 昇給・昇格などの差別の場合
・ 差別を受けた時期・内容
・ 差別を受けたことに対する反論
　（差別の真の理由が、組合活動をしたことによるものであるなどの事実とその主張）
【労働組合法第7条第2号該当の場合の記載要領】
・ 団体交渉を申し入れた年月日・交渉事項
・ 使用者が団体交渉を拒否した年月日・理由
【労働組合法第7条第3号該当の場合の記載要領】
・ 使用者が労働組合の結成・運営に支配介入した事実（いつ、誰が、どこで、誰に、どうしたか）
【労働組合法第7条第4号該当の場合の記載要領】
・ 不利益取扱いのあった年月日・理由
・ 不利益取扱いの理由に対する反論（不利益取扱いの真の理由が、労働委員会の手続に参加したことによるものであるとの事実とその主張）

（都労委Webサイトより引用）

【資料２】答弁書

【記載例】

都労委平成　　年不第　　号不当労働行為救済申立事件
　申立人
　被申立人

答　弁　書

平成　年　月　日

東京都労働委員会　会長　　　　　　殿

　　　　　　　　所在地　〒
　　　　　　　　名称
　　　　　　　　代表者役職氏名
　　　　　　　　電話　　　　　　FAX
　（被申立人代理人が作成する場合は、その事務所所在地、職氏名、電話、FAXを記載してください。）

第１　請求する救済の内容に対する答弁
　　申立人の請求を棄却する　との命令を求める。

第２　不当労働行為を構成する具体的事実に対する認否
　１　第１項について
　　　認める。
　２　第２項について
　　　…は認めるが、…は否認する。
　３　第３項について
　　　…は、知らない。

第３　被申立人の主張
　争う場合には、事件に即した使用者側の基本的主張を明らかにし、不当労働行為に当たらないことを根拠付ける事実を具体的に記載してください。
【解雇についての申立ての場合の例】
・　会社が組合員を解雇したことについて正当な理由があること　など
【団体交渉拒否についての申立ての場合の例】
・　会社が団体交渉を拒否する正当な理由があること　など

（都労委Webサイトより引用）

判例・命令索引

●判例

最二小判昭和29年 5 月28日民集 8 巻 5 号990頁（山岡内燃機事件）............ 130,131
東京地判昭和31年 5 月 9 日判タ57号67頁.. 152
東京高判昭和43年 2 月23日労判60号18頁（日本食塩製造事件・控訴審）........ 155,156
最三小判昭和43年 4 月 9 日民集22巻 4 号845頁（医療法人新光会事件）...... 122,124,125
高松高判昭和46年 5 月25日労民集22巻 3 号536頁（土佐清水鰹節水産加工協同組合事件）
.... 45,46
最二小判昭和50年 4 月25日民集29巻 4 号456頁（日本食塩製造事件）........ 153,156,157
東京高判昭和50年 5 月28日労判231号25頁（日本メール・オーダー事件・控訴審）......75
最一小判昭和51年 5 月 6 日民集30巻 4 号437頁（ＣＢＣ管弦楽団事件）..................23
東京地判昭和51年 5 月21日労判254号42頁（プリマハム事件）........................ 130
最大判昭和52年 2 月23日民集31巻 1 号93頁（第二鳩タクシー事件）................. 198
東京高判昭和52年 6 月29日労判281号64頁（寿建築研究所救済命令取消請求事件・控訴審）
.... 68
最二小判昭和53年11月24日判時911号160頁（寿建築研究所救済命令取消請求事件）......68
東京地判昭和54年 6 月 7 日労判322号27頁（ニチバン事件）.............. 102,105,106
最三小判昭和54年10月30日民集33巻 6 号647頁（国鉄札幌運転区事件）...... 137,145,146
最二小判昭和56年 9 月18日民集35巻 6 号1028頁（三菱重工長崎造船所事件）........ 180
大阪地判昭和57年 7 月30日労判393号35頁（布施自動車教習所・長尾商事事件・第 1 審）
.... 106
東京高判昭和57年10月 7 日労判406号69頁（日本鋼管鶴見造船所事件・控訴審）........46
最一小判昭和59年 3 月29日労判427号17頁（清心会山本病院事件）................. 156
大阪高判昭和59年 3 月30日労判438号53頁（布施自動車教習所・長尾商事事件）... 105,106
最三小判昭和59年 5 月29日民集38巻 7 号802頁（日本メール・オーダー事件）........75
最三小判昭和60年 4 月23日民集29巻 3 号730頁（日産自動車事件）... 4,72,73,74,75,76
最二小判昭和61年 7 月14日労判477号 6 頁（東亜ペイント事件）............ 115,117,126
最三小判昭和61年 7 月15日労判484号21頁（日本鋼管鶴見造船所事件）............ 44,46
最二小判昭和62年 5 月 8 日労判496号 6 頁（日産自動車事件）........ 75,138,148,149
最二小判昭和62年 7 月17日民集41巻 5 号1283頁（ノース・ウエスト航空事件）...... 180
最二小判昭和62年 7 月17日民集41巻 5 号1350頁（ノース・ウエスト航空事件）...... 180
最三小判昭和63年 7 月19日労判527号 5 頁（池上通信機事件）........................ 137
東京地判昭和63年12月22日労判532号 7 頁（三菱電機鎌倉製作所事件）..............46
最一小判平成元年 9 月 7 日労判546号 6 頁（香港上海銀行事件）............ 109,110,111
東京地判平成元年 9 月22日労判548号64頁（カール・ツァイス事件）............. 58,61

最二小判平成元年12月11日民集43巻12号1786頁（済生会中央病院事件）…… 138,162,164
最一小判平成元年12月14日民集43巻12号2051頁（三井倉庫港運事件）…… 153,154,156,157
最一小判平成元年12月21日労判553号 6 頁（日本鋼管鶴見製作所事件）……………… 157
東京地判平成 2 年 5 月16日労判563号56頁（日産自動車（民事・残業差別等）事件）……76
東京地判平成 2 年 5 月30日労判563号 6 頁（駿河銀行事件・第 1 審）……… 104,106,142
東京高判平成 2 年12月26日労判583号25頁（駿河銀行事件）………………………… 106,142
高松高判平成 3 年 3 月29日労判591号57頁（倉田学園（大手前高（中）校・53年申立て）
　事件・控訴審）……………………………………………………………………………… 120
最二小判平成 4 年 2 月14日労判614号 6 頁（池田電器（取消訴訟）事件）………………69
東京地判平成 4 年 5 月 6 日労判625号44頁（書泉事件）……………………………… 181
最二小判平成 4 年 9 月25日労判618号14頁（三菱重工長崎造船所事件）……………… 178
最二小判平成 4 年10月 2 日労判619号 8 頁（御國ハイヤー事件）……………… 178,181
東京地判平成 5 年 1 月21日労判626号83頁（中労委（大阪証券労組）事件）……… 79,81,82
最三小判平成 5 年 3 月25日労判650号 6 頁（エッソ石油事件）………………… 160,164
最三小判平成 6 年12月20日民集48巻 8 号1496頁（倉田学園（大手前高（中）校・53年申立
　て）事件）……………………………………………………………… 116,120,147,149
最三小判平成 7 年 1 月24日労判675号 6 頁（文祥堂事件）……………………… 80,81,82
最一小判平成 7 年 2 月23日労判670号10頁（ネスレ日本（霞ヶ浦工場）事件）……… 163
最三小判平成 7 年 2 月28日民集49巻 2 号559頁（朝日放送事件）………… 26,28,36,38,42,43
東京地判平成 7 年 3 月 2 日労判676号47頁（普連土学園事件）……………………………61
最二小判平成 7 年 9 月 8 日労判679号11頁（オリエンタルモーター事件）…………… 149
最三小判平成 7 年10月 3 日労判694号26頁（灰孝小野田レミコン事件）……… 138,148
東京地判平成 7 年10月 4 日労判680号34頁（大輝交通事件）………………………… 97,99
東京地判平成 8 年 2 月15日労判690号53頁（ゴンチャロフ製菓事件）………… 116,120
最三小判平成 8 年 3 月26日民集50巻 4 号1008頁（朝日火災海上保険（高田）事件）
　…………………………………………………………………………………… 94,97,98
東京地判平成 8 年 3 月28日労判694号43頁（中労委（エスエムシー）事件）………………54
東京地判平成 8 年 3 月28日労判694号65頁（岩井金属工業事件）…………………… 139
大阪地判平成 8 年12月25日労判717号64頁（岩井金属工業事件）………………… 105,106
最二小判平成 9 年 2 月28日民集51巻 2 号705頁（第四銀行事件）…………………… 186
最一小判平成 9 年 3 月27日労判713号27頁（朝日火災海上保険（石堂）事件）… 88,90,186
東京地判平成 9 年 3 月27日労判720号85頁（中労委（株式会社シムラ）事件）… 58,59,65,68
大阪地判平成10年 8 月31日労判751号23頁（インチケープマーケティングジャパン事件）
　…………………………………………………………………………………………… 183
東京地判平成11年 6 月 9 日労判763号12頁（中労委（セメダイン）事件・第 1 審）………16
札幌地判平成11年 8 月30日労判779号69頁（鈴蘭交通事件）………………………… 112
東京高判平成11年12月22日労判779号47頁（中労委（西神テトラパック）事件）
　……………………………………………………………………………………… 116,117,119
東京高判平成12年 2 月29日労判807号 7 頁（中労委（セメダイン）事件）………………15
横浜地判平成12年 7 月17日労判792号74頁（日本鋼管事件）………………………………91
東京高判平成12年 7 月26日労判789号 6 頁（中根製作所事件・控訴審）…………… 89,90
最三小決平成12年11月28日労判797号12頁（中根製作所事件）……………………………90

206　判例・命令索引

最三小判平成13年3月13日民集55巻2号395頁（都南自動車教習所事件）………… 79,82,91
神戸地判平成13年10月1日労判820号41頁（本四海峡バス（本訴）事件）……………… 157
東京高判平成14年2月27日労判824号17頁（青山会事件）……………………………… 188
東京地判平成14年2月27日労判830号66頁（中労委（日本アイ・ビー・エム）事件）
　………………………………………………………………………………………… 59,61
大阪地岸和田支決平成14年9月13日労判837号19頁（佐野第一交通事件）……………… 112
最一小判平成15年12月22日民集57巻11号2335頁（JR北海道・日本貨物鉄道（不採用）事件）
　…………………………………………………………………………………… 188,189
広島高判平成16年4月15日労判879号82頁（鞆鉄道事件）……………………………… 89,91
東京高決平成16年9月8日労判879号90頁（日本プロフェッショナル野球組織（団体交渉等仮処分抗告）事件）………………………………………………………………… 53
東京高判平成17年2月24日労判892号29頁（東京地労委（日本アイ・ビー・エム（組合員資格））事件）……………………………………………………………………… 119
東京地判平成17年3月28日労判894号54頁（銀行産業労働組合（エイアイジー・スター生命）事件）…………………………………………………………………………… 170,172
東京高判平成17年6月29日労判927号67頁（旭ダイヤモンド工業（東京・中部地域労働者組合）事件第1次街宣活動事件・控訴審）……………………………… 166,168,169,172
東京高判平成17年7月13日労判899号19頁（東京日新学園事件）……………………… 188
東京地判平成17年8月29日労判902号52頁（太陽自動車・北海道交通事件）………… 139
東京高判平成17年9月29日労判903号17頁（箱根登山鉄道事件）……………………… 91
最二小判平成18年12月8日労判929号5頁（JR東海（新幹線・科長脱退勧奨）事件）… 132
東京地判平成19年5月30日労判949号83頁（JR東海（掲示物撤去）事件）……… 139,141
東京高判平成19年7月31日労判946号58頁（国・中労委（根岸病院・初任給引下げ団交拒否）事件）……………………………………………………………………………… 50,54
横浜地判平成19年9月27日労判954号67頁（都市開発エキスパート事件）………… 95,99
東京高判平成19年10月25日労判949号5頁（JR東海（新幹線・科長脱退勧奨）事件・差戻審）……………………………………………………………………………………… 132
東京地判平成20年9月18日労判972号90頁（東京都労委（A商店・団交拒否）事件）…… 46
大阪地判平成20年11月20日労判981号124頁（学校法人大阪経済法律学園事件）…… 113
東京地判平成21年3月16日労判988号66頁（淀川海運事件）………………………… 89,91
大阪高判平成21年12月22日労経速2065号3頁（兵庫県・兵庫県労委（住友ゴム工業）事件）…………………………………………………………………………………………… 46
佐賀地判平成22年3月26日労判1005号31頁（佐賀ゴルフガーデンほか事件）………… 16
東京地判平成22年4月28日労判1010号25頁（ソクハイ事件）…………………………… 23
最二小判平成22年7月12日民集64巻5号1333頁（日本アイ・ビー・エム事件）……… 192
東京高判平成22年9月28日労判1017号37頁（国・中労委（NTT西日本）事件）……… 76
東京地判平成23年3月17日労判1034号87頁（国・中労委（クボタ）事件・第1審）… 39,45
最三小判平成23年4月12日民集65巻3号943頁（新国立劇場運営財団事件）………… 23
最三小判平成23年4月12日労判1026号27頁（INAXメンテナンス事件）…………… 23
東京地判平成23年5月12日判時2139号108頁（高見澤電機製作所ほか2社事件）…… 28
東京高判平成23年12月21日判例集未登載（国・中労委（クボタ）事件）……………… 39
最三小判平成24年2月21日民集66巻3号955頁（ビクター事件）……………………… 23

判例・命令索引　207

大阪地決平成24年9月12日労経速2161号3頁（ミトミ建材センターほか事件）… 170,172
東京地判平成25年2月6日労判1073号65頁（教育者労働組合事件）…………… 172
神戸地判平成25年5月14日労判1076号5頁（兵庫県・兵庫県労委（川崎重工業）事件）
　…………………………………………………………………………………………38
東京地判平成25・5・23労判1077号18頁（旭ダイヤモンド工業（東京・中部地域労働者組合）事件第2次街宣活動事件・第1審）……………… 166,168,169,170,171,172
東京地判平成25年12月5日労判1091号14頁（国・中労委（阪急交通社）事件）…… 39,193
東京地判平成26年1月27日労判1093号27頁（国・中労委（JR東日本・八王子地本）事件）
　……………………………………………………………………………………… 141
東京地決平成26年2月28日労判1094号62頁（東京測器研究所（仮処分）事件）……… 126
東京地判平成26年8月28日労判1106号5頁（東京都・都労委（日本航空乗員組合等）事件）……………………………………………………………………………… 130,134
大阪地判平成26年9月10日労判1110号79頁（大阪市（市労連ほか・組合事務所使用不許可処分取消等）事件）………………………………………………………… 125,127
東京地判平成26年9月16日労経速2226号22頁（X労働者組合事件）……………… 173
東京高判平成26年9月25日労判1105号5頁（国・中労委（JR東日本大宮支社・常務発言）事件）………………………………………………………………………… 134

●命令
中労委命令平成11年2月17日労判757号88頁（青山会事件）……………………… 189
京都府労委命令平成13年9月5日労判814号148頁（伏見織物加工（パートタイム職員）事件）………………………………………………………………………… 44,45
中労委命令平成23年4月6日中労時1135号60頁（京都新聞社事件）………………… 31
都労委命令平成23年9月20日労判1035号170頁（阪急交通社事件）……………… 199
都労委命令平成24年1月24日中労委データベース（西武バス事件）……………… 187
中労委命令平成24年9月19日別冊中労時1436号16頁（ショーワ事件）…………… 38
中労委命令平成24年11月7日労判1060号95頁（阪急交通社事件）………………… 39
神奈川県労委命令平成25年6月21日労判1077号95頁（山本製作所事件）………… 15
中労委命令平成26年6月4日労判1093号92頁（大阪市（職員アンケート調査）事件）… 120
中労委命令平成27年3月31日中労委データベース（ジャレコほか1社事件）………… 32
都労委命令平成27年4月16日労判1117号94頁（ファミリーマート（団交拒否）事件）…23
中労委命令平成27年7月16日中労委データベース（ユアサ商事事件）……………… 69

●著者紹介
五三　智仁（いつみ・ともひと）
　五三・町田法律事務所　代表弁護士（第二東京弁護士会所属。1996（平成8）年4月登録）
　1991（平成3）年慶應義塾大学法学部卒。土屋・高谷法律事務所（現土屋総合法律事務所）を経て、2012（平成24）年、五三・町田法律事務所開設。
　経営法曹会議会員。第二東京弁護士会労働問題検討委員会副委員長。2015（平成27）年度司法試験考査委員（労働法）。
＜著作等＞
・『労働契約の終了をめぐる判例考察』（編著・三協法規出版、2012年）
・『就業規則の変更をめぐる判例考察』（編著・三協法規出版、2014年）
・『Q&A　労働者派遣の実務（第2版）』（単著・民事法研究会、2014年）
・『フロー＆チェック　労務コンプライアンスの手引』（執筆分担・新日本法規出版、2014年）
　その他雑誌論文多数。

町田悠生子（まちだ・ゆきこ）
　五三・町田法律事務所　弁護士（第二東京弁護士会所属。2009（平成21）年12月登録）
　2006（平成18）年慶應義塾大学法学部卒、2008（平成20）年慶應義塾大学法科大学院修了。2012（平成24）年、五三・町田法律事務所開設。
　日本労働法学会会員。経営法曹会議会員。第二東京弁護士会労働問題検討委員会委員。
＜著作等＞
・『労働契約の終了をめぐる判例考察』（編著・三協法規出版、2012年）
・『就業規則の変更をめぐる判例考察』（編著・三協法規出版、2014年）

企業法務のための労働組合法25講

2015年12月25日　初版第1刷発行

著　　者	五　三　智　仁
	町　田　悠生子
発行者	塚　原　秀　夫

発行所　㈱商事法務
〒103-0025　東京都中央区日本橋茅場町3-9-10
TEL 03-5614-5643・FAX 03-3664-8844〔営業部〕
TEL 03-5614-5649〔書籍出版部〕
http://www.shojihomu.co.jp/

落丁・乱丁本はお取り替えいたします。　印刷／そうめいコミュニケーションプリンティング
© 2015 Tomohito Itsumi, Yukiko Machida　Printed in Japan
Shojihomu Co., Ltd.
ISBN978-4-7857-2369-9
＊定価はカバーに表示してあります。